# 말이 늦은 아이를 위한
# 부모 가이드®

It Takes Two to Talk®
By Elaine Weitzman

The
Hanen
Program®

A Hanen Centre Publication

The Hanen Program®, The Parent-Child Logo and It Takes Two to Talk® are trademarks owned by Hanen Early Language Program.

© Hanen Early Language Program, 2017.
Fifth Edition

Library and Archives Canada Cataloguing in Publication

ISBN 978-0-921145-52-3

Copies of this book may be ordered from the publisher:

THE HANEN CENTRE
1075 Bay Street, Suite 515
Toronto, Ontario
Canada M5S 2B1
Telephone: (416) 921-1073
Fax: (416) 921-1225
E-mail: info@hanen.org
Web: www.hanen.org

Parts of this book were adapted from two other Hanen Centre publications, *More Than Words* (Sussman, 2012) and *Learning Language and Loving It* (Weitzman & Greenberg, 2002).

Illustrations: Pat Cupples
Design: Counterpunch / Linda Gustafson, Peter Ross
Editor: Martin Townsend


Printed in Canada by: Transcontinental Interglobe

# 말이 늦은 아이를 위한
# 부모 가이드®

아이의 언어발달을 돕는
하넨 센터의
부모교육 프로그램

일레인 와이츠먼 지음

**아이의 언어발달을 돕는 하넨 센터의 부모교육 프로그램**

# 말이 늦은 아이를 위한 부모 가이드

일레인 와이츠먼 지음

A Hanen Centre Publication

The Hanen Program®, The Parent-Child Logo, 그리고 More Than Words®는 하넨 조기 언어 프로그램(Hanen Early Language Program)의 상표입니다.

© Hanen Early Language Program, 2017.
제5판

원서 구입을 원하시면 아래의 주소로 연락하세요.

**하넨 센터THE HANEN CENTRE**
베이가 1075번지, 515호
토론토, 온타리오, M5S 2B1, 캐나다
전화번호: (416) 921-1073
팩스번호: (416) 921-1225
이메일: info@hanen.org
사이트: www.hanen.org

이 책의 일부는 하넨 센터에서 출간한 펀 서스먼이 지은 《우리 아이 언어치료 부모 가이드(More Than Words)》(2017)와 일레인 와이츠먼과 재니스 그린버그가 쓴 《언어를 배운다는 것, 그리고 그것을 즐긴다는 것(Learning Language and Loving It)》(2002)을 참고했습니다.

**일러스트** : 팻 커플스
**디자인** : 카운터펀치의 린다 구스타프슨, 피터 로스
**편집자** : 마틴 타운젠드

언어지체가 있는 아이들과

그 가족들의 더 나은 삶을 위해 수고하는

전 세계의 하넨 공인 언어병리학자와

치료사들께 이 책을 바칩니다

목차

환영합니다! 이 책을 집어 들으신 걸 보면, 아마도 당신에게 말하기와 언어에 대한 깊은 고민을 가져다주는 소중하고 중요한 아이가 있으실 것 같아요. 우리 아이가 왜 또래만큼 의사소통 기술이 늘지 않는지, 어떻게 하면 아이를 도와줄 수 있을지 생각이 많으시겠지요. 그렇다면 이 책은 여러분에게 꼭 필요한 책입니다.

《말이 늦은 아이를 위한 부모 가이드》는 특별한 지원을 해줘야 언어가 발달할 수 있는 어린이의 양육자를 위한 책입니다. 이 책은 당신이 아이와 일상 속에서 매일 사용할 수 있는 언어발달 기술과 전략을 알려드립니다. 이 책을 쓴 언어병리학자들은 아이의 언어발달에 그 어느 전문가보다도 양육자의 역할이 중요하다고 말합니다. 또 언어병리학자들 못지 않게 부모도 다양한 방법을 쓸 수 있다는 것을 강조합니다. 엄마 아빠를 비롯해 양육자는 전문가보다 아이와 더 많은 시간을 함께하는 것을 물론이고, 아이들의 삶 속에서 항상 곁에 있는 존재입니다. 그래서 이 책은 전문가가 사용하는 전략을 양육자가 배워 아이가 더 장기적이고 지속적인 지원을 매일매일 받을 수 있도록 쓰여졌습니다.

시간을 들여 천천히 책을 읽으세요. 배울 수 있는 아이디어와 전략들이 무궁무진합니다. 그중에는 연습하는데 시간이 많이 걸리는 것도 많습니다. 하지만 연습을 하면 할수록 우리 아이에게 유익할 것입니다. 새로운 방식으로 아이와 상호작용하고, 아이의 몸짓과 얼굴 표정을 주의 깊게 관찰하며 마음을 열고 아이의 관심사를 따라가보세요. 인생의 많은 것이 그렇듯이 《말이 늦은 아이를 위한 부모 가이드》를 더 많이 적용해볼수록 더 많은 것을 얻게 될 것이고, 아이도 더 많은 혜택을 받게 될 것입니다. 배우기 어렵지 않습니다. 다만 시간이 필요하고 연습이 필요합니다.

말이나 언어발달이 늦은 아이가 우리 아이뿐이라고 생각하지 마세요. 세상에는 여러 가지 이유로 말이나 언어발달이 늦은 아이들이 많습니다. 그래서 이 책이 만들어진 것입니다. 이 책은 당신을 도움으로써 결국 우리의 아이들을 도울 것이고 그것은 멋지고 신나는 일이 될 것입니다. 아이의 작은 발전도 축하해주세요. 왜냐하면 작은 발전들이 모여서 앞으로 나아가게 할 것입니다. 당신이 이 책을 집어 들고 배우기 위해 기꺼이 시간을 들일 때, 그런 부모를 가진 아이에게 희망이 있습니다. 우리 아이를 도와주고 싶으신가요? 당신이 그렇게 할 수 있도록 우리가 도와드릴게요. 편안한 마음으로 읽고 한 걸음씩 나아가세요. 그리고 아이와의 소통을 즐기세요!

당신과 같은 이유로 이 책을 읽었던 엄마,

앤 마리

## 감사의 말

1970년대 초, 대학을 갓 졸업한 언어병리학자 아이알라 매놀슨은 발달지체가 있는 어린이들을 일주일에 한 번씩 만나 치료한다는 생각에 부담을 느꼈습니다. 아이알라는 짐 맥도널드 박사가 한 일에서 영감을 받아 차라리 아이들의 부모를 가르치자는 결심을 하고 1975년 첫 번째 하넨 부모교육 프로그램을 시작했습니다. 당시에는 몬트리올 지역 교육청의 평생교육부서를 통해 프로그램을 제공했습니다. 아이알라는 가족에게서 받은 유산으로 이전의 하넨 센터에 자금을 지원했습니다. 하넨은 아이알라가 결혼해서 남편 성으로 바꾸기 전의 원래 이름입니다. 처음에는 몬트리올에 있는 맥길 대학 안에 자리 잡았다가, 1980년에 토론토로 이사했습니다. 프로그램에 대한 요청이 쇄도하자, 아이알라는 1970년대 말에 처음으로 언어치료 전문가들을 대상으로 부모를 개입시킬 수 있는 방법을 가르치는 훈련 워크숍을 시작했습니다. 아이알라의 통찰력은 초기 언어치료 분야에 극적인 변화를 일으켰습니다. 아동을 직접 치료하던 수천 명의 언어 병리학자들이 그들의 역할을 간접치료자로 바꿨습니다. 그들은 아동 대신 부모들을 중재, 코치, 가이드해 자녀를 돕게 만들었습니다. 〈부모의 조기 언어개입〉에 대한 연구 결과를 보면 부모의 개입이 전문가의 직접 치료만큼 효과적이거나 훨씬 더 효과적임을 입증했습니다. 게다가 부모에게 우리 아이를 내가 도울 수 있다는 자신감을 주었고, 하루 종일 개입을 지속해 일상생활의 일부가 되게 만들었습니다. 하넨 센터에 있는 우리들, 그리고 하넨의 워크샵, 프로그램, 자료 등으로 혜택을 받은 수천 명의 전문가와 부모를 비롯해 아이들을 돌보는 모든 이들은 조기 언어개입으로 언어지체를 가진 어린아이들에게 더 나은 방법을 제공한 아이알라의 일념과 선견지명에 말로 다 할 수 없는 감사를 드립니다.

또한 루이지 기롤라메토 박사에게도 감사를 전합니다. 그는 하넨이 막 생겨난 초기에 아이알라와 함께 일했고, 분야의 최신 연구를 기반으로 프로그램의 내용을 만드는 데 크게 기여했습니다. 맥길 대학의 박사과정 학생이자 토론토 대학의 언어병리학 교수로서 수년간 하넨 프로그램의 효과를 조사했습니다. 그의 철저한 연구는 프로그램의 중요한 개정을 이끌었고, 검증된 프로그램을 제공하고 있다는 것을 증명할 수 있었습니다. 엄청나게 많은 일을 해온 그는 곧 은퇴를 앞두고 있습니다. 그의 행복한 은퇴생활을 빕니다.

훌륭한 많은 이들과 같이 일할 수 있어서 행운이었습니다. 그들은 하넨 센터가 계속해서 성장하고 전 세계에 있는 부모, 교육자, 전문가들에게 연구의 결과가 닿을 수 있게 해주었습니다. 프로젝트가 결실을 맺을 수 있었던 것은 하넨 팀의 여러 멤버들 덕분입니다. 친구이자 동료이며 임상가인 신디 얼과 앤 맥데이드에게 특별히 감사합니다. 신디는 시간이 부족한 상황에서, 앤은 한 손밖에 쓸 수 없음에도 불구하고 책의 초안을 검토하고 귀중한 피드백을 주었습니다. 또 다른 두 명의 동료, 브리트니 드실바와 타마라 스타인에게도 특별히 감사합니다. 둘 다 젊고 뛰어난 언어병리학자입니다. 이들은 내가 《말이 늦은 아이를 위한 부모 가이드》® 프로그램을 수정하는 것을 도와줬고, 1장에 나오는 의사소통 단계와 의사소통 목표 차트를 훌륭하게 새로 만들었습니다. 그리고 책 전체를 꼼꼼히 교정해줬습니다. 이 두 명의 임상가 덕분에 훨씬 더 좋은 책이 나왔습니다. 나는 이 책이 가족들과 전문가들에게 매우 쓸모 있기를 바랍니다. 또한 강사 세 분, 미국의 애미 위트, 영국의 아비 배른, 토론토의 메간 윅스에게도 참 감사합니다. 시간이 매우 촉박했음에도 초안을 읽고 마지막 순간까지 피드백을 주어 훨씬 더 좋은 책이 나왔습니다. 전 세계에서 이런 훌륭한 분들이 우리 팀에 있다는 것은 하넨에게 정말로 행운입니다.

재능 있고 능숙한 수석 디자이너 매트 모나코와 주니어 디자이너 대퍼니 키엔에게 감사합니다. 두 사람은 책을 디자인하고 수도 없이 수정하면서도 싫은 내색 없이 훌륭하게 일을 해냈습니다. 그리고 영업 및 마케팅 매니저인 에오나 발라쉬에게 감사합니다. 에오나가 있어서 일이 순조롭게 진행됐습니다. 프로젝트를 제시간에 끝낼 수 있었던 것은 모두 에오나의 지지와 유머 덕분입니다. 임시 카피라이터인 케빈 매닝은 초기 교정에서 많은 일을 했습니다. 매의 눈으로 최종 교정을 본 골디 클라크에게도 감사합니다. 그 외에도 임상 관리 팀, 제니스 그린버그, 리사 드레이크, 통제실 레스 터너, IT 매니저 알렉스 이안코비츠 등에게 감사합니다. 모두의 덕분으로 이 책이 나왔습니다. 그리고 일일이 언급하지 못한 하넨의 직원들에게도 감사합니다. 이분들이 열심히 일한 덕분에 언어지체가 있는 아동을 둔 가족들과 그들을 돌보는 이들과 함께하고자 하는 우리의 열정을 전 세계의 사람들과 공유할 수 있었습니다.

헌신적인 지지로 이끌고 있는 이사회가 있어 하넨 센터는 행운입니다. 의장인 해더 엘바드와 션 버게스, 리챠드 프르파스, 돈 뷰케넌, 니콜 그로브즈, 다니엘라 쉴드, 수 라니맨, 콤 골드소프 등의 이사들은 하넨 센터와 함께하며, 하넨 센터가 가진 성장과 혁신에 크게 기여했습니다.

나의 멋진 가족에게 고맙습니다. 내가 엄마가 되기 훨씬 전부터 일을 하는 여성으로서의 모델이 되어준 나의 어머니. 그녀는 언제나 나를 격려해주었고 내가 무엇을 하든 적극적인 관심을 보여줬습니다. 아델과 마지, 두 명의 자매는 내게 축복입니다. 언제나 나를 지지해주고, 함께 있으면 항상 즐거운 사람들입니다.

우리 아이들, 조앤과 케빈에게 고맙습니다. 이제 너희들은 훌륭한 어른이 되었구나. 너희가 어린아이였을 때나 어른이 된 지금이나 나는 너희에게서 배우는 것이 많아. 너희들은 전에도 그랬고 지금도 항상 내 인생의 빛이란다. 그리고 마지막으로, 남편 어빈에게 고맙습니다. 당신은 항상 인생을 즐겁게 만드는 사람이에요. 당신과 함께하면 늘 즐거움이 보장되었죠. 당신의 사랑, 놀라운 유머 감각, 언제나 나를 지탱해주는 것들입니다. 당신이 없었다면 해낼 수 없었을 거예요.

# Chapter 1

# 우리 아이의 의사소통에 대해
# 좀 더 알아볼까요?

말 하고 싶은 것이 있어도 또래만큼 잘 표현하지 못하고 힘들어하는 아이들이 있습니다. 모든 부모는 같은 마음을 가지고 있습니다. 바로 아이들에게 최고의 것을 주고 싶은 마음입니다. 그래서 언어활동이 어려운 아이에게 의사소통을 잘할 수 있도록 도와주고 싶습니다. 만일 우리 아이의 말하기나 언어발달이 또래보다 늦은 편이라면, 《말이 늦은 아이를 위한 부모 가이드》는 바로 당신을 위한 책입니다.

## 이미 시작했어요

말은 혼자서 배우는 것이 아닙니다. 아이들은 자신에게 중요한 사람들, 특히 엄마 아빠와 함께 시간을 보내면서 차츰차츰 의사소통을 배워갑니다. 엄마 아빠는 아이가 태어나면서부터 이미 아이와 의사소통을 시작했습니다. 그리고 부모와 아이의 교감은 점점 깊어집니다. 지금까지 쌓아 온 교감을 조금 더 발전시키기만 하면 우리 아이가 자신이 타고난 능력 안에서 할 수 있는 최선의 정도까지 의사소통 기술을 길러줄 수 있습니다.

우리는 이 책을 읽으면서, 아이가 할 수 있는 한 마음껏 의사소통을 하도록 도와줄 전략들을 배울 것입니다. 모든 전략은 쉬우면서도 매우 효과적입니다. 옷을 입히고 잠을 재우는 것 같이 매일 반복하는 일상의 활동들은 전략을 사용하기에 더없이 좋은 기회입니다. 게다가 일상생활 속에서 의사소통을 연습하고 의사소통 능력을 길러주는 것이 생각했던 것만큼 힘들거나 스트레스받는 일이 아니라는 것을 여러분은 곧 알게 될 것입니다. 아이의 경우도 마찬가지입니다.

사실, 이 모든 것은 이미 우리가 아이와 함께하는 일이니까요.

## 아이들은 어떻게, 그리고 왜 의사소통을 할까요?

의사소통은 '말하기'만을 뜻하지 않습니다. 꼭 말을 하든, 안 하든 어떤 방식으로든지 서로에게 메시지를 보내고 있으면 그들은 의사소통을 하고 있는 중입니다. 갓난아기도 그렇습니다. 아기는 말을 배우기 훨씬 전부터 이미 의사소통을 합니다. 울고, 소리를 내고, 몸을 움직이고, 물건을 잡으려고 손을 뻗는 등의 의사소통을 합니다. 자라면서 아이는 몸짓이나 말, 신호 등 아이 나름의 방식으로 부모에게 자신을 알립니다. 우리 아이가 어떤 식으로 의사소통하고 있는지 알면 아이가 의사소통을 좀 더 잘 하도록 도와줄 수 있습니다. 그러므로 먼저 알아야 할 것이 있습니다.

콜린이 엄마와 의사소통하는 방식: 엄마를 바라보고, 웃고, 손발을 흔든다.

브라이언이 아빠와 의사소통하는 방식: 바라보고, 손가락으로 가리키며, 소리를 낸다.

우리 아이가 **어떻게** 의사소통 하는지 방법을 아는
것도 중요하지만, **왜** 의사소통 하는지 그 이유도
생각해봐야 합니다. 말을 하기 훨씬 전부터 아이
는 여러 가지 이유로 의사소통을 합니다. 원하
는 것이 있거나 또는 원하지 않을 때, 엄마의
관심을 받으려고, 궁금한 것이 있거나 할 말이
있어서 등등. 의사소통이 발전할수록 아이들은
자신이 무슨 생각을 하고 있고, 지금 필요한 것이
무엇인지 엄마 아빠가 알아차리기 쉽게 표현합니다.

얼리샤가 의사소통하는 이유:
엄마에게 질문을 하려고.

그레이엄이 의사소통하는 이유:
자기 자동차가 어떻게 됐는지 알려주려고.

애덤이 의사소통하는 이유:
먹기 싫다고 아빠에게 알려주려고

## 신호와 그림을 사용하세요

아이가 단어의 뜻은 알고 있지만 아직 발음을 못할 때는 말 대신 그림을 가리키거나 신호를 보내는
방법으로 의사소통을 가르칠 수 있습니다. 이 책에는 아이들이 말을 배워서 사용할 수 있게 하는 방
법들이 나오는데, 신호와 그림을 사용하는 방식을 배울 때도 같은 방법을 적용합니다. 따라서 우리
아이에게 신호와 그림을 사용하는 방식이 더 효과적일지는 아이의 언어치료 전문가와 의논해본
다음에 결정하세요.

아이가 의사소통하는 이유나 방법을 알게 되면, 아이가 무슨 메시지를 보내는지 듣기가 쉬워집니다. 메시지가 분명하지 않더라도 말입니다. 아래에 아이가 의사소통하는 이유와 방법을 소개했습니다. 이 중에서 우리 아이가 사용하는 것에 동그라미해보세요.

### 우리 아이가 의사소통하는 방법

★ 울거나 소리 지르기 ★ 웃기 ★ 몸을 움직이기(발차기, 몸을 실룩거림) ★ 얼굴 표정을 바꾸기 ★ 소리 내기 ★ 잡으려고 손을 뻗기 ★ 엄마를 보거나 원하는 것을 바라보기 ★ 소리를 따라 하기 ★ 내 손을 잡고 원하는 것 쪽으로 데려가기 ★ 원하는 것을 보고 나를 쳐다보기 ★ 원하는 것을 가리키기 ★ 어떤 것을 가리키며 내 관심을 끌기 ★ '안녕' 같은 손을 흔드는 몸짓하기 ★ 단어를 뜻하는 소리를 내기 ★ 단어나 신호를 사용하기 ★ 한 번에 두세 단어를 붙여 말하기

### 우리 아이가 의사소통하는 이유

★ 졸리거나 배고파서 ★ 기분이 좋아서 ★ 자기가 좋아하는 것(예: 엄마 목소리)에 반응을 보이느라 ★ 불만이 있거나 거부하려고 ★ 관심을 받으려고 ★ 뭔가를 해달라고 ★ 뭔가를 나에게 보여주거나 주려고 ★ 만나거나 헤어질 때 인사하려고 ★ 다른 사람에게 반응하려고 ★ 관심 있는 것을 가리키려고 ★ 질문하려고 ★ 의견을 말하려고

## 우리 아이의 의사소통 단계

아이의 의사소통 능력은 시간이 가면서 점점 발달합니다. 이 책에서는 아이의 조기 의사소통 발달 단계를 네 단계로 구분합니다.

- **반사적 반응 단계**: 감정을 느끼거나 자기 주변에서 일어나고 있는 일에 반응을 보이지만, 목적을 가진 의사소통은 하지 않습니다.
- **관심 표시 단계**: 필요한 메시지를 보내지만, 말로 하지는 않습니다.
- **초기 언어 단계**: 한 단어(또는 신호나 그림) 정도를 사용합니다.
- **서툰 문장 단계**: 단어를 연결해서 두세 단어 문장을 만듭니다.

모든 아이의 의사소통은 이와 같은 단계를 거치면서 발달하는데, 의사소통에 어려움이 있는 아이들은 각 단계로의 발달이 훨씬 느리고, 때론 마지막 단계까지 이르지 못하는 경우도 있습니다.

다음에 나오는 네 단계의 특징을 읽으면서, 어느 단계가 우리 아이가 의사소통하는 이유와 방법을 가장 잘 표현해주고 있는지 생각해보세요.

## 반사적 반응 단계

**반사적 반응 단계의 아이가 자신을 표현하는 방법:** 의사소통을 배우는 가장 첫 번째 단계입니다. 아이는 아직 의도적으로(마음속에 어떤 의도를 가지고 하는) 소통하지 않습니다. 단지 주변에서 일어나고 있는 일이나 자신의 기분에 따라 반응할 뿐입니다. 처음에는 자기가 필요한 것, 예를 들어 음식, 잠, 안아달라고 할 때 등을 알리는 데 아이가 쓸 수 있는 최선의 방법은 울음입니다. 시간이 지나면서 울음의 소리가 달라져 졸려서 울 때와 배고파서 울 때의 소리가 다릅니다.

반사적 반응 단계에서는 얼굴 표정이나 몸동작으로도 의사소통을 합니다. 원하지 않는 것에는 고개를 돌려버리고, 눈앞에서 너무 많은 것들이 벌어지면 눈을 감아버리기도 합니다. 이 단계의 아이들은 곧 새롭고 흥미로운 광경이나 감각, 엄마 아빠의 목소리나 주변의 소리에 집중하기 위해 동작을 멈추고 가만히 집중하는 법을 배웁니다. 다른 사람들에게 관심을 보이기 시작하고, 바라보고, 웃고, 소리를 내서 자신의 관심을 표현합니다. 좀 더 지나면, 자신의 세계를 탐색하기 시작합니다. 사람이나 물체를 잡으려고 손을 뻗거나 그쪽으로 몸을 움직입니다. 이때 무엇이 아이의 관심을 끌었는지 알려면 부모가 잘 관찰해야 합니다.

반사적 반응 단계에서 아이는 다른 방식으로 목소리를 냅니다. 처음 내는 소리는 "아아"나 "오오"와 같은 소리였다가, 나중에는 "쿠"와 "구" 같은 소리로 바뀝니다. 이것을 '쿠잉'이라고 부릅니다. 이 단계가 끝날 무렵이 되면, 아이는 자음과 모음이 붙은 "바-바-바-바-바"와 같은 소리를 냅니다. 이것을 '옹알이'라고 합니다.

아이는 목소리의 크기와 음조 또한 바꿀 수 있게 됩니다. 아이에게 노래를 불러주거나 이야기를 하면, 기분 좋은 소리를 내기도 합니다. 또한 엄마 아빠가 내는 소리나 행동, 얼굴 표정을 따라 하기도 합니다. 아이는 엄마 아빠의 관심을 끌거나 유지하려고 바라보고, 미소 짓고, 웃습니다. 아이가 당신과 소통하는 것을 즐기고 있다는 것을 알 수 있습니다.

스마일 베개를 바라보는 조던의 모습만 보고도 엄마는 조던이 베개를 좋아한다는 것을 알 수 있습니다.

**반사적 반응 단계의 아이가 이해하는 것:** 반사적 반응 단계에서 아이는 아직 말을 이해하지는 못하지만, 자기 주변에 대한 인식이 점점 늘어납니다. 아이는 몇몇 사람의 얼굴, 물체, 소리와 특히 사람의 목소리를 인식하기 시작합니다. 소리나 목소리가 나는 곳, 특히 엄마나 아빠의 목소리가 들리면 고개를 돌립니다. 시끄러운 소음이나 빠른 움직임과 같은 갑작스러운 변화에 잘 놀라기도 합니다.

반사적 반응단계의 아이는 엄마 아빠가 자신을 바라보고 미소를 지으면 아이도 엄마 아빠에게 미소를 짓습니다. 엄마가 말할 때 엄마 얼굴을 쳐다봅니다. 좀 더 지나면, 이름을 부르면 동작을 멈추고, 간단한 제스처를 이해하기 시작합니다. 예를 들어, 엄마가 팔을 벌리면 아이도 팔을 벌리면서 안기려고 합니다. 비록 아이가 당신의 말을 아직 이해하지는 못하지만 익숙한 상황이나 말투에 반응합니다. 시간이 지나면서 아이는 식사나 목욕 같은 일상생활에서 다음에 무엇을 할지 예상하고 기대하기 시작합니다. 예를 들어, 목욕을 시키려고 욕조에 물을 틀어 놓으면 아이가 물소리만 듣고도 벌써 욕조에서 첨벙거릴 생각에 좋아서 소리를 지르거나 발길질을 하기도 합니다. 마찬가지로 다음 행동을 예상할 수 있기 때문에 까꿍놀이나 간지럼 놀이를 즐깁니다.

콜린은 바닥에
책이 떨어지는 소리에
깜짝 놀랍니다.

## 관심 표시 단계

우리 아이가 반사적 반응 단계에 있는 동안 아이가 내는 소리나 행동, 아이가 짓는 표정조차도 마치 여러분에게 특정한 메시지를 보내고 있는 것인 양 꾸준히 반응을 해주세요. 그러면 아이는 점차 자신이 내는 소리, 행동, 표정이 주변 사람들에게 강력한 영향을 준다는 것을 알게 됩니다. 이는 아이 입장에서 매우 흥미로운 발견인데 자신이 소리를 내고, 표정을 짓고, 행동을 해서 원하는 것을 얻어낼 수 있다는 것을 알게 된다는 점에서 그렇습니다. 예를 들어, 아이는 자신이 팔을 벌리니 엄마가 안아주고, 소리를 내면 관심을 받는다는 것을 깨닫게 됩니다. 그래서 이제 안아달라고 의도적으로 팔을 벌리거나 주의를 끌려고 의도적으로 소리를 내기 시작합니다. 심지어 여러분이 즉시 응답하지 않으면 더 크고, 숨 넘어가는 소리를 내기도 합니다. 특정한 메시지를 보내서 특정한 결과를 얻을 수 있다는 것을 아이가 깨닫게 되었을 때, 이를 **의사소통 교감**이라고 합니다. 의사소통 교감을 형성하면 마음에 어떤 특정한 목표나 의도를 가지고 직접 엄마 아빠와 의사소통을 하게 됩니다. 그러면 이제 아이는 관심 표시 단계로 넘어온 것입니다.

**관심 표시 단계의 아이가 자신을 표현하는 방법:** 관심 표시 단계에서 아이는 특정한 목적을 갖고 메시지를 보내기 시작합니다. 비록 아직 말을 하지 않지만 엄마 아빠를 쳐다보고, 제스처를 하고, 손으로 가리키고 소리를 내서 의사소통을 합니다. 자신이 원하지 않는 것에 항의하거나 거절하기 위해 의사소통을 하고, 또한 여러분에게 어떤 물건 (예: 장난감)을 달라거나, 뭘 해달라고 (예: 유아용 의자에서 내려달라고) 의사소통을 할 것입니다.

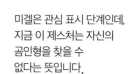

좀 지나면 의사소통이 사회성을 띠면서 자신의 관심사를 엄마 아빠와 나누는 법을 배웁니다. 엄마 아빠의 주의를 끌기 위해서나, 만났을 때 인사하거나 작별 인사를 하기 위해, 또는 무언가를 보여주려고 의사소통을 합니다. 종종 자신의 관심을 사로잡은 무언가에 대해 알려주려고 손으로 가리키기도 할 것입니다. 또한 질문을 하기 위해서 질문하는 말투로 소리를 낼 수도 있습니다. 우리 아이가 엄마 아빠와 의사소통이 잘되면 자신만의 특별한 제스처를 만들어내기도 합니다. 예를 들어, 우리 아이가 손등으로 얼굴을 비빌 때는 특별한 담요를 달라는 뜻입니다.

미겔은 관심 표시 단계인데, 지금 이 제스처는 자신의 곰인형을 찾을 수 없다는 뜻입니다.

관심 표시 단계에서 아이는 자신이 원하는 방식으로 여러분이 응답해줄 때까지 계속해서 메시지를 보냅니다. 예를 들어, 아이가 과자를 달라는 뜻으로 손을 뻗고 소리를 낸다면 과자를 줘야만 조용해진다는 말입니다. 과자를 주면 '이게 바로 내가 원했던 것'이라는 뜻으로 미소를 보일지도 모릅니다. 하지만 아이가 과자를 원하는데 여러분이 물을 줬다면, 아이는 그게 아니라고 알려줄 것입니다. 목소리를 높이고, 꽤 불만스러워 보일 것입니다. 무엇을 원하는지 정확히 보여주려고 여러분의 손을 잡아끌지도 모릅니다. 자신의 의사를 상대방에게 전달하고 원하는 것을 성공적으로 얻는 경험은 매우 중요합니다. 이를 통해 우리 아이의 의사소통이 발달합니다.

아이의 언어발달에 있어서 또 한 가지 중요한 발전은 아이가 사람과 물건을 동시에 집중할 수 있게 될 때입니다. 이전까지 아이는 여러분이나 물건, 둘 중 하나에만 집중할 수 있었지, 둘 다는 안 됐습니다. 관심 표시 단계의 아이는 어떤 물체를 보고 그것을 손가락으로 가리킵니다. 그리고 여러분을 쳐다봅니다. 여러분을 쳐다보고 나서는 고개를 돌려 다시 물체를 가리킵니다. 자신이 무엇에 대해서 의사소통하고 있는지를 엄마 아빠에게 확인시키는 것입니다. 여러분에게 사물을 보여주면서, '지금 이것에 관심 있어요'라고 알려줄 수 있는 능력이 생긴 것입니다. 이는 앞으로 첫 단어를 쓰거나 신호를 사용하는 단계로 가려면 없어서는 안 될 중요한 과정입니다.

로버트는 사과를 가리키면서 할머니를 쳐다보고 다시 사과를 쳐다봅니다. 할머니에게 자신이 지금 무엇에 관심이 있는지를 알려준 것입니다.

관심 표시 단계에서 우리 아이는 여러분이 가리키는 초점을 따라갈 수도 있게 됩니다. 여러분이 뭔가를 가리키면, 아이는 가리키는 방향을 보면서 그게 무엇인지 보려고 합니다. 이제 여러분은 흥미로운 것을 이것저것 가리키면서, 언어학습 기회를 아주 많이 만들어 낼 수 있습니다.

아이는 엄마 아빠의 소리를 전보다 더 많이 따라 하면서 계속 소리를 냅니다. 소리를 연결하기 시작해서 얼핏 들으면 거의 말하는 것 같이 들립니다. 하지만 아이가 하는 '말'들은 아직은 소리일 뿐 말은 아닙니다. 어쩌면 이 소리들은 아이가 시도하는 첫 단어들일지도 모릅니다.

**관심 표시 단계의 아이가 이해하는 것:** 옷을 입거나 잠자리에 드는 것과 같은 일상생활을 하면서 아이는 엄마 아빠가 같은 상황에서 하는 말을 반복해서 듣습니다. 같은 말을 계속 들으며, 아이는 그 의미를 이해하기 시작할 것입니다. 아이는 자신이 그 말을 이해하고 있다는 표시로 쳐다보고, 가리키고, 보여주고, 간단한 지시를 따릅니다. 이는 언어발달에 있어서 아주 중요한데, 왜냐하면 우리 아이가 말로 의사소통을 하려면 먼저 말을 이해해야 하기 때문입니다.

불이 어디 있지?

아담은 엄마가 말한 '불'이 뭔지 안다는 표시로 불을 쳐다봅니다.

## 초기 언어 단계

**초기언어 단계의 아이가 자신을 표현하는 방법:** 우리 아이가 처음으로 말을 했을 때 엄마 아빠는 너무 흥분됩니다. 부모라면 누구나 기다리는 순간인데, 특히 언어발달이 느린 아이라면 더욱 그렇습니다. 아이는 여러분의 말을 듣고 따라 하기도 하고, 혼자서 말하기도 합니다. 시작은 한 번에 한 단어를 말하는 식입니다. 언어를 대체하는 다른 의사소통 방법으로써 그림이나 신호를 사용하는 경우, 한 번에 한가지 신호를 보내거나 그림 하나를 가리키며 의사소통하는 아이들도 같은 단계입니다. 아이가 처음 말하는 단어들은 주로 아이의 세계에서 익숙하고 중요한 사람, 물건, 행동 등을 대표하는 것이라서, '엄마', '아빠', '주스', '멍멍', '안아' 같은 것들입니다. 말을 하면서도 아이는 제스처, 소리, 표정도 계속 사용할 것입니다. 또한 초기 언어 단계에서는 한 단어가 비슷한 여러 가지를 뜻하기도 합니다. 예를 들어, '주스'는 마시는 음료수 전부를 표현할 때, 다리 네 개와 꼬리를 가진 동물은 다 '멍멍이'로 말하는 식입니다.

초기 언어 단계에서는 단어 하나로 한 문장을 다 표현합니다. 만약 의자를 가리키며 "엄마"라고 말했을 때는, "저건 엄마의 의자야"일 수도 있지만 "엄마, 여기에 앉아요"일 수도 있습니다. 전체적인 상황을 보면서, 아이의 동작, 어조, 제스처, 얼굴 표정들을 잘 읽으면 아이가 의미하는 것이 무엇인지 알 수 있습니다.

아이의 첫 단어는 실제 단어가 아닌 줄임형 단어일 수도 있습니다. 예를 들어 바나나를 "나나"라고 하거나 쿠키를 "키"라고 말합니다. 아이가 이렇게 말해도 엄마 아빠는 무슨 뜻인지 알 수 있는데, 왜냐하면 같은 상황에서 같은 단어를 언제나 똑같은 식으로 말하기 때문입니다. 우리 아이의 초기 단어들 중에는 도무지 무슨 말인지 알 수 없는 것들도 많습니다. 엄마 아빠는 알 수 있어도, 다른 사람은 못 알아들을지도 모릅니다.

스콧은 동그란 것은 다 "공"이라고 합니다.

엄마는 엘리자베스가 "냐-냐"라고 말했을 때, "야옹이"를 말한다는 것을 알게 됐습니다.

**초기 언어 단계의 아이가 이해하는 것:** 이 단계에서는 단어 이해가 많이 늘어납니다. 엄마 아빠가 익숙한 물건이나 사람의 이름을 말하면 아이는 그것들을 가리키거나 보여줍니다. 아이는 또한 "컵 갖고 와"라든가, "목욕할 시간이야" 같은 간단한 지시와 문구를 엄마 아빠가 제스처 없이 말해도 이해합니다. 또한 "주스 줄까?"와 같은 '네, 아니오'로 대답해야 하는 질문이나, "뭐를 마실래?"나 "공은 어디에 있니?"와 같은 쉬운 질문에 대답할 수 있습니다.

## 서툰 문장 단계

**서툰 문장 단계의 아이가 자신을 표현하는 방법:** 아이가 단어, 신호, 또는 그림을 약 50개 정도 사용하게 되면 아이는 종종 (항상은 아니지만) 그것들을 붙여서 "주스 더" 또는 "엄마, 안아"와 같이 단어 조합을 만들기 시작합니다. "주스 더"처럼 두 단어의 조합으로 메시지가 훨씬 명확해질 때가 많습니다. 하지만 아래 세 개의 삽화가 보여주듯이, 우리 아이가 무슨 말을 하고 있는지 정확히 이해하려면 단서가 필요할 때가 많습니다.

여기서 "아빠 신발"은 "저건 우리 아빠 신발이야"란 뜻입니다.

여기서 "아빠 신발"은 "아빠, 신발 신겨주세요"라는 뜻입니다.

여기서 "아빠 신발"은 "나 아빠 신발 신었어요"라는 뜻입니다.

두 단어 조합을 하면서 초기에는 한 단어로만 말하기도 계속합니다. 그렇지만 자신의 메시지를 전달하기 위해 제스처를 사용하는 것은 줄어듭니다. 또한 어조를 바꾸면 질문이 된다는 것도 알게 됩니다. 예를 들어, "쿠키 없어?"는 "쿠키 다 먹어서 없어요?"라는 의미일 수 있습니다. 또한 "저게 뭐야?" 또는 "고양이 어디?"와 같은 질문들을 하기 시작합니다.

**서툰 문장 단계의 아이가 이해하는 것:** 이제 아이는 간단한 지시는 제스처 없이도 꽤 이해합니다. 또한 물건들을 이름뿐만 아니라 용도로도 구분할 수 있습니다. 예를 들어, "이 중에서 먹을 수 있는 것들은?"이라고 말하면, 음식을 가리킬 수 있게 됩니다. 누구, 언제, 무엇을 묻는 쉬운 질문을 이해하며, '안에', '위에', '아래에', '큰', '작은' 등의 단어를 이해하기 시작합니다. 짧고 쉬운 이야기를 이해할 수 있고, 책에 나오는 그림 중에서 많이 보던 사물을 찾을 수 있습니다.

---

의사소통을 배우는 데는 시간이 걸리지만 아이는 꾸준히 발전합니다. 우리 아이가 지금 어느 단계에 있는지 알아보려면 11-13쪽의 체크리스트를 작성해보세요.

## 우리 아이의 의사소통 단계 알아보기

우리 아이의 의사소통 기술을 개발하고 발전시키기 위해서는 먼저, 아이의 의사소통 단계를 알아야 하고, 아이가 그 단계에서 의사소통을 하기 위해 무엇을 어떻게 하고 있는지도 알아야 합니다. 의사소통에는 네 가지 단계가 있습니다. **반사적 반응, 관심 표시, 초기 언어, 서툰 문장 단계**입니다. 아이가 각각 네 가지 단계에서 **이해하는 것**과 **표현할 수 있는 것**을 아래 표에서 설명하고 습니다. 각 칸마다 나열된 항목 중에 현재 우리 아이의 의사소통에 해당하는 항목을 모두 체크해보세요.

　각 단계의 이름 밑에 있는 파란색 상자는 해당 단계의 두드러진 특징을 간단히 설명하고 있습니다. 표에서 우리 아이에게 해당하는 것에 모두 표시하세요. 마지막으로 표시한 '이해하는 것'의 단계가 현재 우리 아이의 '이해 단계'입니다. 마찬가지로 마지막으로 표시한 '표현하는 것'에 해당하는 단계가 현재 우리 아이의 '표현 단계'입니다. 어쩌면 우리 아이의 이해와 표현이 같은 단계에 있지 않을 수도 있습니다.

| 우리 아이 의사소통 발달 단계 | |
|---|---|
| **반사적 반응 단계** | |
| **이해하는 것** | **표현하는 것** |
| ☐ 아직은 말뜻을 이해하지 못한다. | ☐ 자신 주변 환경에 반응한다.<br>　 아직 의도적으로 메시지를 보내지 않는다. |
| ☐ 익숙한 목소리를 인식한다.<br>☐ 소리 나는 쪽으로 고개를 돌린다.<br>☐ 이름을 부르면 바라보거나, 몸을 움직이거나, 하던 것을 멈춘다.<br>☐ 몇 가지 제스처를 인식한다. (예: 안아주려고 팔을 벌리면 안아주려는 것인지 안다.)<br>☐ 매일매일의 일과 중에 다음에는 무엇을 할지 자신이 알고 있음을 보여준다. (예: 내가 양말을 집어 들면, 아이는 발을 든다.) | ☐ 필요한 것이 무엇인지에 따라 다르게 운다.<br>☐ 원하는 것이 없을 때 눈을 감거나 고개를 돌린다.<br>☐ 관심 있게 얼굴을 쳐다본다.<br>☐ 말을 시키면 조용해지거나 미소를 짓는다.<br>☐ 말을 시키거나 웃어주면 소리를 내거나 꼼지락거리거나 발을 차는 등 몸을 움직인다.<br>☐ 다양한 표정을 짓는다.<br>☐ 목소리가 들리거나 소리 나는 쪽으로 돌아본다.<br>☐ 몸을 움직인다. (예: 원하는 것에 손을 뻗는다.)<br>☐ 동작을 따라 한다. (예: 유아용 의자에 앉아서 뭔가를 열심히 한다.)<br>☐ "아아", "오오", "구", "무" 같은 소리를 낸다.<br>☐ "바바바", "마마마" 같은 소리를 낸다.<br>☐ 내가 내는 소리를 따라 한다.<br>☐ 까꿍놀이 같은 놀이를 좋아한다. |

| 관심 표시 단계 | |
|---|---|
| **이해하는 것** | **표현하는 것** |
| ☐ 일상생활에서 쓰는 익숙한 말들을 이해한다. | ☐ 표정, 소리 및 제스처를 섞어서 의도적으로 메시지를 보낸다(단어/신호/그림은 사용하지 않는다). |
| ☐ 익숙한 목소리를 인식한다.<br>☐ "안녕" 또는 "위" 등과 같이 일상생활에서 익숙한 단어를 이해한다.<br>☐ 우유, 불, 공과 같은 익숙한 사물의 이름을 이해한다.<br>☐ "곰돌이 어딨니?"와 같은 쉬운 질문을 하면, 곰돌이에게 가거나, 바라보거나, 가리킨다.<br>☐ 제스처를 같이 쓰면서 쉬운 지시를 하면 따른다.<br>☐ "아니"라는 단어를 이해한다. | ☐ 필요한 것에 따라 다르게 운다.<br>☐ 소리와 표정을 지으며 제스처를 한다.<br>☐ 다음과 같이 다양한 이유로 의사소통한다.<br>　-거부 또는 항의 (예: "아니오"의 의미로 머리를 좌우로 흔든다)<br>　-요청 (예: 통 뚜껑을 열어달라고 건네준다)<br>　-주의를 끌기 위해 (예: 소리 내고, 제스처를 한다)<br>　-무언가를 보여주거나 주려고 (예: 장난감을 건네준다)<br>　-인사하려고 (예: 손을 흔든다)<br>　-다른 사람에게 응답하기 위해 (예: 내가 달라고 한 물건을 건네주거나 가리킨다)<br>　-관심사를 알리기 위해 (예: 물체, 사람 등을 가리키고 나를 돌아본다)<br>☐ 소리를 연결해서 내어 마치 말하는 것처럼 들린다.<br>☐ 특정한 것을 의미하는 소리를 일관되게 낸다. (예: 강아지가 숨을 헐떡거리는 것처럼 "헉-헉-"거린다)<br>☐ 가끔 한 단어를 말한다. |

| 초기 언어 단계 | |
|---|---|
| **이해하는 것** | **표현하는 것** |
| ☐ 익숙한 물건, 사람, 동물의 이름을 많이 이해한다. | ☐ 주로 한 단어만 써서 의사소통한다(여기서 단어란 말/신호/그림을 포함한다). |
| ☐ 신체 부위나 익숙한 사물을 가리킬 수 있다.<br>☐ 어른이 보여주거나 제스처를 사용하지 않아도 간단한 지시 몇 가지를 따른다. (예: "아기에게 뽀뽀")<br>☐ "바나나 먹을래?"와 같은 '네, 아니오' 질문에 답할 수 있다.<br>☐ '어디' 또는 '무엇'을 묻는 쉬운 질문에 대답한다. (예: "신발은 어딨니?" 또는 "뭐 마시고 싶니?") | ☐ 여러 가지 제스처와 소리를 사용한다.<br>☐ 소리(예: 동물, 자동차 소리)와 단어를 따라 한다.<br>☐ 관심 표시 단계와 같은 이유로 의사소통을 하며, 주로 한 단어를 사용한다. 이에 더하여:<br>　-질문한다. (예: "아빠?"의 끝을 올려서 아빠가 어디에 있는지 질문한다)<br>　-코멘트한다. (예: "젖었어요!")<br>☐ 사용하는 단어의 유형이 다양해진다.<br>　-사람 (예: "엄마")<br>　-물건 (예: "공")<br>　-사교 (예: "안녕")<br>　-거절, 거부 (예: "싫어요")<br>　-동작 (예: "먹는다")<br>　-형용사 (예: "큰")<br>　-위치 (예: "저기")<br>☐ 제스처와 단어를 함께 사용한다. (예: "위로"라고 하면서 팔을 벌려 안아달라고 요청)<br>☐ 10~25개의 단어 사용<br>☐ 25~50개의 단어 사용<br>☐ 가끔 두 단어 구절을 말한다. |

| 서툰 문장 단계 | |
| --- | --- |
| **이해하는 것** | **표현하는 것** |
| ☐ 많은 단어를 이해하고 보다 복잡한 개념을 이해한다. | ☐ 두 단어 이상의 구문을 주로 사용하여 의사소통한다. |
| ☐ 좀 더 복잡한 개념을 이해한다. (예: 안과 밖, 위와 아래, 더럽다와 깨끗하다)<br><br>☐ 누가, 어디서, 무엇을 등의 질문을 이해할 수 있다. (예: "발에는 뭘 신지?" "대문 밖에 누가 왔지?")<br><br>☐ 어른이 보여주거나 제스처를 사용하지 않아도 지시사항을 따른다. (예: "가서 신발 가져오렴.")<br><br>☐ 두 단계를 거치는 지시사항을 이해한다. (예: "파자마를 집어서 세탁 바구니에 넣으렴.")<br><br>☐ 쉬운 이야기를 이해한다. | ☐ 단어를 50개 이상 말한다.<br><br>☐ 두 단어로 된 구절을 사용해서<br>　-요청한다. (예: "문 열어주세요.")<br>　-코멘트한다. (예: "큰 벌레야.")<br>　-'어디?' (예: "공은 어디?") 또는 '무엇'을 질문거나, 어쩌면 '왜'를 묻기도 한다.<br>　-현시점을 넘어서는 것들에 대해 말한다. (예: 과거형 "새가 죽었어", 미래형 "동물원 갈 거야.")<br><br>☐ 두 단어 구절로 여러 가지 단어 유형을 사용한다 (초기 언어 단계의 단어 유형 목록을 참조하세요)<br>　예: 사람("아빠 위로"), 물건("공 없어?"), 사교("할머니, 안녕"), 거절/거부("침대 싫어"), 대명사("나는 갈래"), 소유격("내 장난감")<br><br>☐ 세 단어 이상의 구절을 사용하기 시작한다. (예: "엄마, 우유 더.") |

## 의사소통 목표를 설정하세요

### : 상호작용 목표가 표현 목표보다 우선입니다

다음 14쪽에는 의사소통 각 단계마다 필요한 의사소통 목표가 나옵니다. 우리 아이의 의사소통을 발전시켜주기 위해서 여러분이 가야 할 방향에 대해 좋은 아이디어를 줄 것입니다. 아이가 상호작용을 통해서 의사소통을 배운다는 것은 이미 우리가 알고 있습니다. 아이는 자신에게 중요한 어른과의 상호작용이 즐거울 때 의사소통이 자연스럽게 발달합니다. 따라서 상호작용 기술이 좋으면 언어학습에도 큰 도움이 됩니다. 이런 이유로 언제나 상호작용 목표부터 시작합니다.

### 상호작용 목표

1. **처음 차례 갖기**: 엄마 아빠와 상호작용하면서 첫 번째 차례 갖기. (관심 표시, 초기 언어, 서툰 문장 단계 포함)

2. **더 많은 차례 갖기**: 엄마 아빠와 상호작용하면서 더 많은 차례를 주고받기. (네 단계의 아이들 모두)

3. **재미있게 놀기**: 엄마 아빠와 상호작용하면서 재미있게 놀기. (네 단계의 아이들 모두) 일단 아이가 첫 번째 차례 갖기를 하고, 두 사람이 번갈아 차례를 가지면서 즐거운 시간을 보내기 시작하면, 아이의 표현을 향상하는 데 초점을 맞춘 의사소통 목표를 선택할 수 있습니다. 이제 상호작용하는 동안에 아이가 자기 차례에 특정한 의사소통을 하도록 도와줍니다.

표현적 의사소통 목표

4. **특별한 차례 갖기**: 상호작용 중에 특별한 차례 갖기를 합니다.

아이는＿＿＿＿＿＿＿＿＿＿＿을(를) 할 것입니다. (아래 표에 있는 목표들 중 한 두 가지를 선택하세요.)


우리 아이의 표현적 의사소통 목표를 결정할 때, 다음의 두 가지 방법 중 하나를 선택 할 수 있습니다. 우리 아이를 어떻게 도와주면 좋을까요?

• 현재 단계 수준의 의사소통을 더 많이 하기
• 다음 단계의 의사소통으로 넘어가기


우리 아이에게 적절한 표현적 의사소통 목표를 선택하는 방법은 99~106쪽에 자세히 소개되어 있습니다. 우리 아이의 이해력을 높이는 정보는 84~86쪽과 7장 전체에서 볼 수 있습니다. 아이의 현재 단계를 정확히 평가하고 적절한 목표를 선택하는 도움을 얻 기 위해 언어치료사나 언어병리학자와 상담하는 것도 좋습니다.


## 각 단계의 언어와 의사소통 목표

| 반사적 반응 단계 목표 | 관심 표시 단계 목표 | 초기 언어 단계 목표 | 서툰 문장 단계 목표 |
|---|---|---|---|
| 반사적 반응 단계에서 더할 수 있는 것<br>-나를 쳐다보고, 표정을 짓고, 몸을 움직이거나, 소리를 내서 전보다 오래 나에게 주목하게 하기<br>-얼굴 표정, 몸짓 또는 소리를 더 많이 사용<br>-내가 한 소리나 동작을 따라하기<br>-일상생활에서 다음 순서에 할 일을 알기 | 관심표시 단계에서 더할 수 있는 것<br>-뭔가를 달라거나 보여주려고, 관심을 보이는 등 다양한 이유를 가지고 의도적으로 메시지 보내기<br>-표정, 소리, 제스처를 조합해서 메시지 보내기<br>-다양한 소리와 제스처를 따라 하기<br>-그때그때에 순간적으로 여러 가지 다른 제스처 사용하기 | 초기 언어 단계에서 더할 수 있는 것<br>- 아는 단어를 더 자주 사용하기<br>- 아는 단어를 다양한 이유로 사용하기<br>- 다양한 유형의 단어 사용하기<br>• 사람(아빠)<br>• 물건(곰돌이)<br>• 사교(안녕)<br>• 거절/거부(싫어요)<br>• 동작(뛰어)<br>• 형용사(말랑말랑한)<br>• 위치(안에) | 서툰 문장 단계에서 더할 수 있는 것<br>-이미 알고 있는 두 단어 구절을 더 자주 사용하기<br>-여러 유형의 단어를 두 단어 구절에 사용하기<br>• 사람(아빠 앉아!)<br>• 물건(곰돌이 넘어져)<br>• 사교(잘 자, 곰돌아)<br>• 거절/거부(침대 싫어)<br>• 동작(뛰어왔어요)<br>• 형용사(더러운 손)<br>• 위치(차 속에)<br>• 소유격(내 책)<br>- 세 단어 구절 말하기 |
| 의사 소통 교감이 생기면 관심표시 단계로 이동하기<br>-주의를 끌려고 메시지 보내기<br>-원하는 게 있다는 것을 알리기 위해 메시지 보내기<br>-뭔가를 보고 나서 나를 돌아보기<br>-제스처 사용 시작(예: 팔을 들어 올려서 안아달라고 요청) | 초기 언어 단계로 이동하기<br>-자기 차례를 할 때 소리도 같이 내기<br>-말을 따라 하기<br>-단어 몇 개를 순간적으로 사용하기 | 서툰 문장 단계로 이동하기<br>-단어 50개 이상 사용<br>-두 단어로 된 구절 사용 시 작하기 | 의사소통 발전을 계속해 나가기<br>-좀 더 긴 구절 말하기<br>-좀 더 정확한 문장을 말하기 |

# Chapter 2

# 우리 아이가 무엇에 관심 있는지 알아보세요

불!

불 켰네.

두 사람 사이에 의사소통이 오갈 때 말을 하든 안 하든, 그 둘은 **상호작용**에 참여하고 있습니다. 우리 아이가 의사소통을 더 많이 하게 하려면 엄마 아빠와의 상호작용을 **아이가 먼저 시작하게** 하는 것이 가장 좋습니다. 이때, 엄마 아빠는 아이를 이끌거나 지시하기 보다는 **아이가 이끄는 대로 따라가세요.**

우리 아이의 관심사를 따라갈 때, 그리고 아이가 무슨 말을 하고 있는지 엄마 아빠가 관심을 갖고 반응해줄 때 아이는 점점 더 엄마 아빠와 소통하고 싶어집니다. 그런데 아이가 이끄는 대로 따라가라는 것이 단지 이런 이유 때문만은 아닙니다. 아이가 상호작용을 시작하고 여러분이 반응해줄 때마다, 여러분은 아이에게 아이가 관심 갖는 것에 대해 무엇인가 알려주게 됩니다. 우리 아이가 의사소통을 확장하는 데 필요한 정보 말입니다. 그래서 이런 말도 있습니다. "아이들은 자신에게 필요한 말부터 먼저 배운다."

## 얼굴을 마주 보아요

아이가 이끄는 대로 따라가기 위한 첫 단계는 **얼굴을 마주 보는 것입니다**. 두 사람이 마주 볼 때,

- 서로 교감하기 쉽고 그 순간을 함께 공유할 수 있습니다.
- 서로의 메시지를 잘 보고 잘 들을 수 있습니다.
- 아이에게 무엇이든지 해보도록 권하기 쉽습니다.

그러므로 될 수 있으면 아이가 엄마 아빠와 눈을 맞추기 쉽게 해주세요. 아래 그림에서 엄마 아빠가 어떻게 하는지 보세요.

얼굴을 마주 보면
더 재미있습니다.

## 지켜보고, 기다리고, 들어주세요

OWL원칙: 아이의 관심사를 따라가기 위한 '지켜보고, 기다리고, 들어주기'

지켜보기 (**O**bserve)
기다리기 (**W**ait)
들어주기 (**L**isten)

'OWL'는 아주 중요한 전략으로 우리 아이와 상호작용할 때마다 언제나 활용할 수 있습니다. '지켜보고, 기다리고, 들어주기' 할 때, 여러분은 아이에게 상호작용을 시작할 기회를 주면서 동시에 의사소통의 기회도 활짝 열어놓는 것입니다. 어쩌면 우리 아이는 엄마 아빠가 생각했던 것보다 의사소통을 훨씬 더 많이 하고 있었다는 것을 깨닫게 될지도 모릅니다.

'지켜보고, 기다리고, 들어주기'에 시간을 들이는 것은 아주 현명한 시작입니다.

### 지켜보기

때론 우리 아이가 무슨 생각을 하고 있는지 도무지 모를 때가 많습니다. 그럴 때는 아이가 몸으로 보내는 메시지(행동, 몸짓, 표정 등)를 찬찬히 관찰해보면 알아낼 수 있을 것입니다. 이러한 메시지에 눈을 돌리면 우리 아이가 관심 있는 것이 무엇인지, 엄마 아빠에게 무슨 말을 하려는 것인지 알 수 있습니다. 아이가 무엇을 보고 있는지 지켜보세요. 아이가 손을 뻗거나 가리키고 있는 방향을 함께 보세요. 우리 아이의 주의를 끌고 있는 것이 무엇인지, 아이가 지금 무엇에 꽂혀 있는지 알면 여러분은 아이와 그 순간을 공유할 수 있게 됩니다.

이거 봐!
양말이 벗겨졌네!

엄마는 메건에게 거울을 보여주려고 했는데, 그 순간 메건의 관심은 다른 데 꽂혀 있는 걸 알게 됩니다. 양말이 벗겨지고 있었거든요. 엄마는 이제 메건이 정말로 관심 있는 양말을 가지고 이야기를 할 수 있습니다.

## 기다리기

'기다리기'는 아주 강력한 장치입니다. 기다려주면 우리 아이가 무엇에 관심 있는지 알 수 있습니다. 더 중요한 것은 아이에게 상호작용을 시작할 시간을 주고, 여러분의 말이나 행동에 반응할 시간을 준다는 것입니다. 이 책에서 '기다리기'는 세 가지를 말합니다. **말을 멈추기, 아이 쪽으로 몸을 기울이기, 기대하는 표정으로 아이를 바라보기!** 어쩌면 아이는 다른 사람들이 자신을 대신해서 의사소통해주는 것에 익숙해져 있을지도 모릅니다. 그러니 기다려주면 엄마 아빠는 네 반응을 기다리고 있고, 더 나아가서 "네 관심이 가는 대로 해보렴. 우리가 따라 갈게"라는 메시지를 전달하게 됩니다. 일단 아이가 무엇이라도 하면, 즉시 아이에게 반응해주는 것이 중요합니다. (어떻게 반응할지는 3장에서 배웁니다.)

마음속으로 천천히 1부터 10까지 세면서, 기다리기를 연습해보세요. 이렇게 오랫동안 아무것도 안 하고 있으면, 처음에는 불편할 수도 있습니다. 그건 우리 아이도 마찬가지입니다. 그렇더라도 서둘러 무슨 말이라도 하려고 하지 말고 여유를 가지세요. 의사소통을 하는 데는 시간이 좀 걸립니다. 만일 아이가 하던 것을 그만두고 다른 활동을 시작했다면 또 기다려주세요. 새로운 활동을 하면서 상호작용까지 시작하려면 버겁기 때문에 더 많은 시간을 주셔야 합니다.

'기다리기'를 하면서 염두에 두어야 할 핵심은 바로 아이에게 충분한 시간을 주면서 '엄마 아빠는 네가 무엇이든지 메시지를 보내길 기다리고 있다'는 것을 알려 주는 것입니다. 메시지는 무엇이든지 괜찮습니다. 소리, 말, 몸짓 등 무엇으로 전달해도 상관없습니다. 우리 아이가 자신의 관심이나 필요를 엄마 아빠에게 알려주는 것이라면 그것이 무엇이든 다 메시지입니다. 말이든 행동이든 무엇이든지요. 1장에서 작성했던 〈우리 아이 의사소통 발달 단계〉 체크리스트 중, 표현 부분을 한 번 더 보세요. 거기에 나오는 방식들 중에 몇 가지는 이미 우리 아이가 하고 있을지도 모릅니다.

아빠는 현관 벨 소리가 났는데 나가보지 않고 그냥 기다립니다. 로버트가 벨 소리를 듣고 밖에 누가 왔다고 아빠에게 말할 기회를 주려는 것입니다.

### 들어주기

듣는다는 것은 우리 아이가 내는 모든 소리나 말에 온 관심을 기울이고 열심히 들어준다는 뜻입니다. 아이가 무슨 말을 하려는 건지 이미 파악했더라도 중간에 끊지 않도록 신경 쓰세요. 열심히 들어주면 아이는 엄마 아빠가 자신의 말을 중요하게 여긴다고 생각합니다. 이럴 때 자신감이 생겨나고 자존감이 자라납니다.

때론 '지켜보고, 기다리고, 들어주기'로도 아이가 무슨 말을 하려는 것인지 도무지 모를 때가 있습니다. 그럴 때는 아이도 엄마 아빠도 지칩니다. 이럴 때는 혹시 상황 속에 단서가 있는지 다시 살펴보고, 아이가 하려는 말이 무엇일지 추측해보세요.

엘리자베스 엄마는 잘 들어보니 엘리자베스가 "야옹이"라고 말하려고 한다는 것을 알게 됐습니다.

만일 아이가 뭐라고 하는 건지 도무지 알 수 없을 때는 아이의 소리나 행동을 그대로 따라 해보고, 아이가 메시지를 명확하게 하기 위해 무언가 좀 더 말해주는지 기다려보세요. 그래도 여전히 모를 수 있습니다. 그렇지만 노력한다는 것이 중요하지요. 그러면 자신을 이해하려고 엄마 아빠가 최선을 다한다는 것을 아이가 알게 됩니다. 또한 '네가 무슨 생각을 하는지 엄마 아빠한테 아주 중요하단다'라는 것을 알려주는 것입니다.

## 각 발달 단계에서의 '지켜보고, 기다리고, 들어주기(OWL)' 방법

의사소통이 발전함에 따라 우리 아이가 메시지를 보내는 방식도 달라집니다. 우리 아이가 무엇을 "말하고" 있는지에 따라 각 단계에 맞는 '**지켜보고, 기다리고, 들어주기**'가 필요합니다.

### 반사적 반응 단계에서 '지켜보고, 기다리고, 들어주기'

반사적 반응 단계에서 아이는 의도를 가지고 메시지를 보내지 않습니다. 그렇지만 우리 아이를 잘 지켜보면 뭐가 필요한지, 아이가 어디에 관심이 있는지 알아차릴 수 있습니다.

아주 어리거나 또는 질병이나 발달장애가 있을 경우, 하루에 여러 차례 자다 깨기를 반복합니다. 이럴 경우 언제가 상호작용을 할 만한 때인지 잘 봐야 합니다. 지켜보고, 기다리고, 들어주면, 상호작용하기에 가장 좋은 때를 알 수 있습니다. 예를 들면, 아이가 움직이지 않고 가만히 있거나, 여러분 쪽을 바라보거나 미소 지을 때가 있습니다. 또는 손발을 움직이고 소리를 내거나 (특히 엄마가 말을 시키거나 노래를 불러주면) 옹알이 같은 소리를 내기도 합니다.

반사적 반응 단계에서는 아이가 아무것도 하기 싫을 때, 가령 배고프거나 피곤하거나 불편할 때 의사를 표시하기도 합니다. 만일 아이가 상호작용을 할 마음이 없다면 딴 데를 보거나 짜증을 내고, 웅크리고 찡그릴지도 모릅니다. 그럴 때는 잠시 가만히 두는 것이 좋을 수도 있고, 엄마 아빠가 아이를 진정시켜주는 것이 좋을 수도 있습니다.

반사적 반응 단계에서 아이가 무엇이든지 메시지를 보내는 것 같을 때는 즉시 반응을 보여주는 것이 중요합니다. 예를 들어, 아이가 기분이 좋을 때 "우우" 소리를 내기도 하는데, 그럴 때 즉시 미소를 지으면서 "우우" 하며 상대를 해주면, 아이는 이 소리가 엄마의 관심을 받을 수 있는 좋은 방법이라는 것을 배우게 됩니다. 이렇게 해서 의사소통 교감(6쪽을 보세요)이 생깁니다. 이는 아이가 다음 의사소통 단계로 넘어가는 데 중요한 과정입니다.

'지켜보고, 기다리고, 들어주기'를 통해서 엄마는 콜린이 모빌에 푹 빠졌다는 것을 알게 됐습니다.

### 관심 표시 단계에서 '지켜보고, 기다리고, 들어주기'

우리 아이가 의도적인 메시지를 보내기 시작하면 관심표시 단계에 이른 것입니다. 이 단계에서 아이는 아직 말은 정확하게 못하지만 의사소통은 많아집니다. 'OWL'을 기억하세요. 아이의 몸짓 언어를 지켜보세요. 아이가 내는 소리를 잘 들으세요. 아이가 상호작용을 시작하는 데 필요한 시간을 주면서 기다리세요. 그러면서 아이가 먼저 상호작용을 시작하게 해주세요.

엄마는 장보느라 바쁜 중에도 메건에게 '지켜보고, 기다리고, 들어주기'를 해서, 메건이 엄마에게 바나나를 보여줄 기회를 만듭니다. 그런 다음에 적극적으로 반응해줍니다.

### 초기 언어 단계와 서툰 문장 단계에서 '지켜보고, 기다리고, 들어주기'

우리 아이가 말을 할 수 있을 때도 더 많은 말을 할 기회를 만들어주려면 '지켜보고, 기다리고, 들어주기'가 필요합니다. 초기 언어와 서툰 문장 단계에서 OWL이 필요한 또 다른 이유는 아직 아이들이 무슨 말을 하는지 이해할 수 없을 때가 많기 때문입니다. 그런데 '지켜보고, 기다리고, 들어주기'를 하면, 아이가 무슨 말을 하려는 건지 알아차리기가 훨씬 쉬워집니다.

엄마는 스콧이 왜 "공"이라고 하는지 몰랐습니다. '지켜보고, 기다리고, 들어주기' 하니, 스콧은 달을 가리키고 있는 것이었습니다. 스콧에게는 달이 커다랗고 둥근 공처럼 보였던 것입니다.

잘 들어보니, 얼리샤가 엄마는 모자가 있는지 물어보고 있다는 것을 알게 됐습니다.

### 재촉하지 마세요

단어를 자꾸 말해보라고 시킨다고 말을 빨리 배우는 것은 아닙니다. 사실은 그 반대라서 말을 재촉하는 것은 오히려 아이에게 의사소통하는 즐거움을 뺏습니다. 아이는 엄마 아빠가 정말로 자신과 의사소통하고 싶어할 때와 단순히 말을 연습시키는 때의 차이를 압니다.

자꾸 말해보라고 할수록 그레이엄은 더 말을 안 하게 됩니다. 또한 재미있게 놀던 부엌놀이가 재미없어집니다.

엄마가 그레이엄에게 말을 연습시키려는 마음을 접고 아이가 하는 대로 따라 갑니다. 그러면 그레이엄은 말하고 싶은 것이 있기 때문에 의사소통을 합니다.

뭔가 말하고 싶은 것이 있고 들어줄 사람이 있을 때 의사소통하고 싶은 마음이 생깁니다. 따라서 아이에게 질문을 퍼붓거나 엄마를 따라 해보라고 재촉하지 말고, 상호작용을 아이가 시작하게 놔둔다고 생각하면서 아이가 하는 대로 따라가주세요. 아이에게 말하라고 스트레스를 주지 않는 제일 좋은 방법은 "말해봐"라고 말하지 않기입니다.

단, **"아이가 주도하게 한다"는 것은 아이가 멋대로 하도록 내버려두라는 것이 아님을 명심하세요.** 아이가 맘대로 하도록 놔두지 말아야 할 때가 반드시 있습니다. 예를 들면 위험한 물건을 입에 가져가거나 물을 바닥에 쏟거나 할 때 등입니다. 이럴 때는 바로 선을 그어줘야 합니다. "안 돼!"라고 말하고 아이가 다른 놀이를 하도록 이끌어주세요. 우리 아이가 말을 배우기에 좋은 활동이 따로 있는 것이 아니라 엄마 아빠가 아이와 교감하면서 그 시간을 모두 함께 즐길 때 아이는 말을 잘 배울 수 있습니다.

# 아이가 먼저 시작하게 하기가 말처럼 쉽지 않은 이유

### 아이들마다 의사소통 스타일이 다릅니다

아이들마다 의사소통 스타일이 다릅니다. 아이에게 사람들과의 상호작용은 의사소통 스타일에 따라서 쉽기도 하고 어렵기도 합니다. 대체로 다음의 두 가지를 할 수 있는 능력에 따라 아이의 의사소통 스타일을 구분합니다.

- 상호작용을 **시작**하기
- 상호작용에 **반응**하기

의사소통 스타일은 아이의 성격과도 관계가 있고, 상황이 얼마나 편안한가에도 달려 있습니다. 또한 언어장애, 건강상태, 투약의 영향도 있고 전반적 발달과도 관련이 있습니다.

의사소통 스타일은 네 가지가 있습니다. 사교적인 의사소통 스타일, 주저하는 의사소통 스타일, 수동적인 의사소통 스타일, 나만의 방식 의사소통 스타일.

**사교적인 의사소통 스타일**의 아이는 다른 사람과 먼저 상호작용을 시작하는 편이며, 누군가 먼저 상호작용을 시작해도 쉽게 반응을 보입니다. 사교적인 의사소통 스타일을 가졌는데 언어장애가 있을 경우에는 정확한 단어 사용을 하지 않거나 이해하기 어려울 수 있지만 그렇다고 해서 아이가 다른 사람들과 상호작용을 그만두지는 않을 것입니다. 아이는 쉽게 상호작용을 시작하고 리드합니다.

얼리샤는 사교적인 의사소통 스타일이라
엄마와 금방 상호작용을 시작합니다.

주저하는 의사소통 스타일의 아이는 상호 작용을 먼저 시작하기보다는 다른 사람이 시작했을 때 반응을 보입니다. 상호 작용을 시작하기 전에 '워밍업'할 시간이 필요하고, 특히 잘 모르는 사람이거나 낯선 환경에서 더욱 그렇습니다. 종종 아이가 보내는 메시지를 놓치거나, 아이가 여러분과 의사소통을 시도했다는 사실조차도 모르고 넘어가기도 합니다. 의사소통 문제가 자꾸 생기면 아이는 자신감을 잃어서 웬만하면 사람들과 상호작용을 하지 않으려고 합니다.

소야, 안녕?

아만다는 주저하는 의사소통 스타일이라서 아빠와 같이 놀 때 반응은 하지만 먼저 상호작용을 시작하는 경우는 거의 없습니다.

케이티와 같은 수동적인 스타일의 아이와는 교감하기가 정말 어렵습니다.

수동적인 의사소통 스타일의 아이는 상호 작용을 시작하지도 않고 반응을 보이지도 않습니다. 사람이나 사물에 거의 관심을 보이지 않기 때문에 아이와 교감하기가 쉽지 않습니다. 아이들 중에 원래는 아니었는데 건강이 좋지 않거나 약 때문에 쉽게 피로해져서 수동적인 스타일이 되는 경우가 많이 있습니다. 발달지체가 있는 경우에도 수동적인 스타일이 되기도 합니다.

**나만의 방식** 의사소통 스타일의 아이는 다른 사람은 신경 쓰지 않고 자기 혼자서만 노는 경향이 있습니다. 다른 사람들과 상호작용을 거의 하지 않는데, 만약에 한다면 무언가가 필요하기 때문입니다. 이런 류의 의사소통 스타일을 가진 아이는 자기 자신의 세계에 머물러 있기 때문에 반응을 끌어내기가 정말 어렵습니다. 장난감 한 개를 가지고 오랫동안 놀기도 하고, 금방금방 이거 했다 저거 했다 하기도 하는데, 어쨌든 다른 사람들과 같이 공유할 줄은 모릅니다.

캐머런은 나만의 방식 의사소통 스타일의 아이입니다. 아빠는 아이와 상호작용을 시작하고 싶어도 캐머런이 혼자 놀기를 좋아하는 것 같아서, 어쩌지 못하고 있습니다.

우리 아이의 평소 모습이 네 가지 의사소통 스타일 중 어느 것과 가장 닮았는지 잠시 생각해보세요. 수동적, 주저하는, 나만의 방식 의사소통 스타일의 아이들과 소통을 시작하려면 특별히 노력을 더 많이 해야 합니다. 그렇지만 사교적 의사소통 스타일의 아이들도 엄마 아빠가 좀 더 수고하면 훨씬 더 재미있고 즐겁게, 그리고 성공적으로 상호작용할 수 있습니다.

## 아이의 언어발달을 방해하는 부모의 역할

매일매일 아이와 소통하면서 엄마 아빠는 여러 가지 역할을 합니다. 엄마 아빠 각자의 성격과 소신, 아이의 의사소통 스타일이나 장애 정도에 따라 부모의 역할이 달라지고, 시간에 쫓기고 바쁠 때에도 또 다를 수 있습니다. 다음 페이지에 나오는 역할들은 부모라면 모두 어느 정도씩은 다 하고 있습니다. 그렇지만 계속해서 어떤 한 역할만 하면 아이의 언어학습에 지장이 생길 수 있습니다.

엄마 아빠가 전형적으로 하는 역할들을 살펴봅시다.

**관리자 역할:** 부모는 아이의 일상생활을 관리합니다. 아이가 무엇을 입고, 무엇을 먹고, 언제 잘 지를 계획합니다. 그런데 가끔 부모가 관리자 역할을 너무 많이 해서 문제입니다. 대화를 혼자서 리드하고 아이가 무슨 말을 하고, 어떻게 말을 해야 할지 정합니다. 하지만 이런 역할은 아이의 언어발달에 방해가 됩니다. 아이들은 자기가 리드할 때 가장 잘 배웁니다.

로버트는 괴물이 나오는 페이지로 넘어가려고 하는데, 아빠는 책을 순서대로 한 페이지씩 읽어야 한다고 고집하고 있습니다. 아빠는 '관리자 역할'을 하고 있습니다.

**시험관 역할:** 부모는 아이의 능력을 길러주고 싶어합니다. 만약에 우리 아이의 언어가 기대한 만큼 발달하지 않고 있다면 지금까지 하던 것 보다 좀 더 열심히 가르쳐야겠다고 생각합니다. 그래서 질문을 끝없이 던지면서 아이가 뭘 배웠는지를 확인하는 시험관 역할을 합니다. 그런데 계속 테스트만 받으면 배움에 도움이 되지 않습니다. 아이는 재미있게 놀면서 부모가 자신의 관심에 잘 반응해줄 때 가장 많이 배웁니다.

엄마는 '시험관 역할'을 하고 있습니다. 질문하느라 바빠서 엄마는 'OWL'할 여유가 없고, 그래서 브라이언이 정말로 무엇에 관심이 있는지 볼 틈이 없습니다.

**엔터테이너 역할:** 엔터테이너 역할을 하는 부모는 재미있습니다. 아이를 즐겁게 해주는 것이라면 무엇이든지 합니다. 그런데 엔터테이너 역할을 하는 부모는 말도 행동도 혼자 다 하면서 주도적인 경향이 있습니다. 이 경우 아이가 할 역할이 없고 상호작용할 기회가 많지 않다는 것이 문제입니다. 언어를 배우기 위해서는 아이가 상호작용에 적극적으로 개입하게 만들어야 합니다.

스콧은 아빠가 재미있게 해줘서 좋아합니다.
그렇지만 자기가 해볼 기회는 없습니다.

**도우미 역할:** 우리 아이가 의사소통을 힘들어하면, 부모는 당연히 도와주고 싶은 마음이 듭니다. 그래서 아이가 뭐든지 쉽게 할 수 있게 만들어 주려고 합니다. 도우미 역할을 맡으면 미리 알아서 다 해주고 의사소통을 안 해도 되게 만들어줍니다. 특수아동의 부모들 중에 이 역할을 해야 한다고 느끼는 경우가 많이 있습니다. 그렇지만 만일 부모가 너무 빨리 도와주면 아이가 얼마나 의사소통할 수 있는지, 아이의 관심이 정말로 어디에 있는지 알 수 없습니다.

소피아가 장난감을 떨어뜨리자마자, 아이가 스스로 뭘 해 보기도 전에 '도우미 역할'을 하는 엄마가 얼른 끼어들어 장난감을 꺼내줍니다.

**재촉하는 역할:** 엄마 아빠는 언제나 바쁘고 할 일이 아주 많습니다. 스케줄에 맞추려면 늘 재촉해야 합니다. 그런데 '재촉하는 역할'을 많이 하는 부모는 아이와 교감할 기회를 놓치고 아이의 관심사를 보지 못하고 지나칩니다.

엄마는 지금 약속에 늦어서 '재촉하는 역할'을 하고 있습니다. 엄마는 메건이 뭔가를 말하려고 한다는 것을 눈치채지 못합니다.

**구경꾼 역할:** 때론 아이와 소통을 하고 싶은데 언제 끼어들어야 할지 모를 때가 있습니다. 그러다 보면 먼발치에서 아이가 노는 것을 그저 구경만 하고 있거나, 중계만 합니다. 특히 우리 아이가 상호작용에 관심이 없는 경우에는 더욱 그렇게 됩니다. 물론 아이에게는 혼자서 탐색하고 알아가는 시간이 필요합니다. 그렇지만 언어를 배우기 위해서는 엄마 아빠와 소통을 해야 합니다.

아빠는 먼발치에서 캐머런의 놀이에 중계만 하는 '구경꾼 역할'을 하고 있습니다.

## 마음을 잘 알아주는 부모가 되세요

우리 아이가 말을 배우고 소통하는 데 부모가 해줄 수 있는 가장 중요한 역할은 바로 **마음을 잘 알아주는 것**입니다. 아이의 관심과 필요, 능력을 잘 알아주는 역할이 중요합니다. 마음을 알아주는 부모는 아이가 상호작용을 시작해볼 기회를 주고, 그런 다음에 즉시 관심 있게 반응해줍니다.

여러분이 항상 '마음을 잘 알아주는 부모'일 수는 없습니다. 그러나 가능한 한 자주 마음을 알아주는 부모 역할을 해보세요. 내가 너무 말을 많이 하고 있는지, 너무 질문을 많이 하는 건 아닌지, 너무 빨리 알아서 다 해주고 있는 것은 아닌지 생각해보세요.

로버트 아빠는 가만 생각해보니 자신이 관리자이어야 할 이유도 없고, 책을 꼭 순서대로 다 읽어야만 하는 것도 아니라는 생각이 들었습니다. 그래서 로버트가 하는 대로 따라가기로 마음먹고, 좋아하는 괴물을 찾아서 페이지를 넘기게 놔두었습니다.

로버트 아빠는 아이가 괴물 흉내를 내고 있음을 알아채고 따라 합니다. 아빠가
자신의 마음을 알아주니까 로버트는 이제 더 재미있어집니다.

## 아이가 시작할 기회를 만들어주세요

만일 우리 아이가 사교적이거나 주저하는 의사소통 스타일이라면, '지켜보고, 기다리고, 들어주기'만 제대로 해줘도 아이가 먼저 소통을 시작할 수 있습니다. 그렇지만 나만의 방식이나 수동적인 의사소통 스타일이라면 '지켜보고, 기다리고, 들어주기'만으로는 충분하지 않습니다. 여러분이 열심히 '지켜보고, 기다리고, 들어주기' 했는데도 아이가 소통을 시작하지 않는다면 우리 아이는 조금 더 도와줘야 하는 아이일 것입니다.

다음 세 페이지에는 아이가 상호작용을 시작할 수 있도록 도와줄 방안들이 나옵니다. 하지만 너무 많이 쓰면 아이가 지칠 수 있으니 주의하세요. 바로 효과가 나오지 않으면 또 시도해 보고, 그 사이에 기다려줘야 한다는 것도 잊지 마세요. 그래도 여전히 아이가 엄마 아빠와 의사소통을 하지 않는다면, 아이가 했으면 좋을 말이나 행동을 아이 대신해주고, 하던 활동을 계속하세요. 아이는 엄마 아빠를 보면서 배우고, 때가 되면 소통을 시작할 것입니다.

곰돌이가 갖고 싶구나.

좋아하는 장난감을 손이 닿지 않는 곳에 놓아두고, 미겔이 곰돌이를 달라고 요청할 기회를 만들었습니다.

### 아이가 요구하도록 도와줍니다

아이가 원하는 것을 미리 알아서 주지 말고, 달라고 할 기회를 만들어보세요. 아이가 요청하게 만들 수 있는 아이디어들은 다음과 같습니다.

• **아이가 좋아하는 물건을 손이 닿지 않는 곳에 두고 … 기다리세요.** 아이가 좋아하는 물건이 보이기는 하지만 손에 닿지 않는 곳에 두고, 달라고 할 때까지 기다려보세요. 그리고 아이가 달라고 하면, 바로 주세요.

• **조금만 주고 … 기다리세요.** 간식이나 주스를 양껏 주지 말고, 우선 조금만 주고 더 달라고 하도록 기다려보세요. 더 달라고 하면, 조금만 더 주고, 또 기다리세요.

주스를 우선 한 모금만 주고, 그레이엄이 더 달라고 할 기회를 만듭니다.

그래, 주스 더 줄게.

주주.

- **엄마 아빠 없이는 놀 수 없는 놀이를 택하고 … 기다리세요.** 아이들은 비눗방울이나 태엽을 감아 움직이는 장난감, 또는 장난감 악기 등을 좋아합니다. 이것들은 엄마 아빠가 도와주지 않으면 혼자서는 할 수 없기 때문에 아이가 의사소통을 하지 않으면 놀기 어렵습니다. 이런 장난감들을 활용해보세요. 비눗방울 불기나 태엽 감기, 음악 틀기 등을 바로 해주지 말고 아이가 해달라고 할 때까지 기다렸다가, 해달라고 하면 해주세요. 그런데 태엽을 조금만 감고, 비눗방울도 몇 번만 불어주세요. 그렇게 하면 아이가 더 하고 싶어서, 해달라고 요청할 기회가 더 많이 생깁니다.

태엽 감은 장난감이 멈춘 다음에도 아빠가 그냥 기다리고 있습니다. 소피아가 태엽을 다시 감아달라고 부탁하러 올 기회를 만들어주는 것입니다.

- **선택하게 하고 … 기다리세요.** 여러 개 말고 딱 두 개 중에서 한 개를 고르게 해야 더 쉽습니다.

엄마는 조던이 손을 뻗어 좋아하는 것을 선택해보는 기회를 만들어줍니다.

- **늘 하던 놀이를 중간에 멈추고 … 기다리세요.** 아이와 자주 했던 놀이, 예를 들어 간지럼 태우기, 그네 타기, 같이 노래 부르기 등을 하면서, 중간에 한 번씩 멈추세요. 그러면 아이가 계속해달라고 요청할 것입니다.

아빠가 하니파를 들어 올렸다 내렸다를 하다 말고 가만히 있으니까, 아이가 계속해달라는 뜻으로 팔을 팔랑팔랑 흔듭니다.

## 아이가 코멘트하거나 질문하게 도와줍니다

- **늘 하던 것을 살짝 바꾸고 … 기다리세요.** 늘 하던 행동을 중간에 멈추고 기다리기만 할 뿐만 아니라, 한발 더 나아가 살짝 바꿔볼 수도 있습니다. 그러면 아이가 놀라서 반사적 반응을 보이기도 하고, 질문이나 코멘트를 하면서 먼저 소통을 시작할 수도 있습니다.

아빠가 잘못하자, 스콧은 아빠가 실수했다고 알려줄 기회가 생겼습니다.

- **뜻하지 않은 곳에 물건을 숨겨놓고 … 기다리세요.** 아이가 발견하고 깜짝 놀라서 엄마 아빠에게 말할 기회가 생깁니다.

엄마는 브랜던이 볼만한 곳에 장난감을 숨겨놨다가, 브랜던이 발견하고 깜짝 놀라서 엄마에게 말해줄 기회를 만들었습니다.

- **뭔가가 잘못됐을 때 … 기다리세요.** 무언가 제대로인 상태가 아닐 때가 있습니다. 수저가 떨어지거나, 크레용이 부러지고, 주스가 엎어질 때가 있지요. 그럴 때 당장 처리하지 말고, 그걸 본 아이가 뭐라고 말하거나 행동하는지 잠시 기다려보세요. 아이가 엄마 아빠에게 메시지를 보낼 기회가 생깁니다.

떨어진 쿠키를 당장 집어주는 대신에, 엄마는 바라보기만 하고 기다립니다. 그랬더니 쿠키가 바닥에 떨어졌다고 로버트가 엄마에게 알려줍니다.

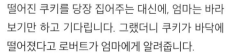

# Chapter 3

# 아이가 관심을 보이는 대로 따라가세요

**아** 이와 엄마 아빠의 소통은 옷을 입고, 차를 타고, 놀이터에 나가서 노는 일상생활 속에서 이루어집니다. 바로 이런 일상생활 자체가 언어를 배울 최적의 기회입니다. 일상 속에서 아이가 이것저것에 관심이 많아질수록, 엄마 아빠는 아이의 관심을 따라서 반응을 더 많이 하게 되고, 결과적으로 아이의 자신감이 자라나고 의사소통기술이 발전합니다. 3장에서 우리는 **아이의 관심사를 따라가 더 많이 소통할 수 있는 방법들**을 배울 것입니다.

## 아이의 관심사를 따라가면서 더 많이 소통하세요

아이의 관심사를 따라간다는 것은 우리 아이가 엄마 아빠와 의사소통하려는 '바로 그것'에 관심 있게 반응한다는 뜻입니다. 다시 말해서 아이가 보낸 메시지를 여러분이 받았다고 알려주고, 동시에 '우리는 너의 메시지에 관심이 있고 네가 보낸 메시지는 중요하냐'는 느낌을 아이에게 주는 것입니다. 더하여 우리 아이가 의사소통을 하는 바로 그것을 바탕으로 반응을 보인다는 것을 의미합니다.

### 아이의 관심사를 따라가는 몇 가지 방법들:

- 관심을 보이며 즉시 반응하기
- 끼어들어 함께 놀기
  - 아이처럼 놀기
  - 재미있는 소리나 단어 활용하기
  - 엄마 아빠 자신의 장난감을 갖고 오기
  - '척'하기
- 행동과 말로 아이의 관심사를 따라가기
  - 따라 하기
  - 해석하기
  - 코멘트 하기
- 마무리하기

### 관심을 보이며 즉시 반응하세요

아이가 엄마 아빠와 소통을 시작할 때, 즉시 반응해주세요. 아이가 어떤 형태(표정, 소리, 미소, 몸동작, 제스처나 말 등)로든 메시지를 보내면 엄마 아빠가 알아차렸다는 것을 즉시 말이나 행동으로 알려주세요. 반응을 좀 더 과장되게 보여주면, 우리 아이가 자신이 메시지를 보내면 엄마 아빠가 반응을 한다는 인과관계를 만들 수 있게 됩니다. 이렇게 해서 아이의 언어능력과 자신감이 동시에 길러집니다. 아이들은 보통 웃는 얼굴에 끌리므로 미소를 띠고 반응하는 것도 좋은 방법입니다. 목소리에 활기를 띠는 것도 역시 좋은 방법입니다.

이때, 엄마 아빠에게 중요한 것이 아닌, 우리 아이가 '관심 있는 것'에 반응을 보여줘야 한다는 것을 명심하세요. 아이가 무슨 생각을 하고 있고 어떤 기분일까를 자문해보세요. 그리고 나서 아이의 관심을 끌고 있는 바로 그것에 엄마 아빠도 관심이 있다는 것을 보여주세요.

아이의 관심사를 따라가야 하는 이유는 간단합니다:

- 관심 있는 것에 대해 의사소통을 할 때 시작하기 쉽습니다.
- 자신이 보낸 메시지와 관련이 있는 반응을 엄마 아빠가 해줄 때 더 많이 배웁니다.
- 아이가 관심을 가진 것에서 다른 것으로 주의를 돌리기는 아주 어렵습니다.

아이가 반사적 반응 단계라면 부모가 반응을 빨리 보여줘야만 아이가 자신의 동작이나 소리에 엄마 아빠가 반응한다는 것을 관련 지을 수 있습니다. 이는 궁극적으로 아이가 의사소통에 필요한 교감, 즉 자신이 한 행동이나 말은 주위의 다른 사람에게 영향을 미친다는 것을 깨닫게 되는 것입니다.

엄마는 소피아의 메시지에 신이 나서 반응합니다. 이렇게 하면 소피아는 자신이 관심 있는 것에 엄마도 관심 있다는 것을 알게 됩니다.

## 끼어들어 아이와 함께 놀아요

아이의 관심사를 따라가는 가장 좋은 방법은 아이의 놀이에 끼어들어 같이 노는 것입니다. 함께 놀면 즐거울뿐더러, 이런저런 이유로 의사소통할 기회가 훨씬 많이 생겨서 결과적으로 엄마 아빠와 소통하는 시간이 더 길어집니다.

우선 아이가 어떻게 놀고 있는지 정확히 알 수 있도록 아이를 마주 보며 '지켜보고, 기다리고, 들어주기'를 하세요. 아이가 여러분과의 소통을 시작할지 모릅니다. 그럴 경우에 아이의 관심사를 따라가면서 놀이에 끼어드세요. 아이가 의사소통을 하지 않더라도, 그냥 끼어들어서 아이가 노는 방식대로 놀아보세요. 놀이방식을 바꾸려 들거나 이렇게 해라 저렇게 해라 하지 마세요. 아이는 자신의 놀이를 이끌고 있으니까요.

만약 아이가 거실 바닥에서 자동차를 굴리고 놀고 있으면 엄마 아빠도 자동차를 하나 들고 거실 바닥에 자리잡으세요. 아이의 차 옆에서 차를 굴리면서 아이가 뭘 하는지 기다려보세요. 아이가 놀이에 끼워주면, 예를 들어 여러분 차 옆에 자신의 차를 나란히 굴리거나 차끼리 부딪치려고 한다면 엄마 아빠도 따라 하세요. 붕붕 소리를 내고 아이가 어떻게 하나 기다려보세요. 엄마 아빠가 자신과 똑같은 방식으로 놀고 있다는 것을 아이가 인식했을 때 거기서부터 상호작용이 어떻게 비약하는지 보세요!

아이에게 상호작용을 시작해볼 기회를 만들어주려는 목적으로 놀이 중 다른 행동을 했을 때는 행동을 한 다음에 꼭 기다려줘야 한다는 것을 명심하세요. 그런 다음에 다시 아이의 관심사를 따라가세요. 끼어들어 같이 놀기에 좋은 아이디어를 몇 가지 아래에 적어놓았습니다.

## '끼어들어 함께 놀기'는 아이의 마음을 잘 알아주는 부모가 된다는 의미입니다

2장에 나오는 부모 역할 부분을 상기해보세요. 아래와 같은 역할들을 너무 많이 하고 있지는 않나요?

- 관리자 - 놀이에 좀 더 열중하고, 주도하려 들지 마세요.
- 시험관 - 질문을 하려 들지 말고 놀이에 열중하고 즐기세요.
- 도우미 - 어떻게 해야 하는지 방법을 보여주려 하지 말고, 아이가 스스로 탐색하고 발견할 수 있도록 시간을 주고 기다려주세요.
- 구경꾼 - 장난감을 가지고 놀 때 끼어들어서 마치 아이가 된 것처럼 노세요.
- 엔터테이너 - 혼자서 다 하려고 하지 말고, 물러서서 아이가 놀이를 주도하게 해주세요.

놀이에서 마음을 잘 알아주는 부모 역할을 취해 보세요. 아이가 자기 방식으로 놀게 두세요. 아이가 하는 대로 따라가면서 열중해서 함께 즐겁게 노세요.

### 아이처럼 놀기

어렸을 때 얼마나 재미있게 놀았는지 혹시 기억하세요? 욕조에서 장난감을 첨벙거리고, 장난감 자동차를 운전하고, 인형 옷을 입히고, 집짓기놀이를 하면서요. 아이의 눈높이에서 장난감을 바라보세요. 그리고 아이가 되어 놀아보세요. 우리 아이와 마룻바닥에 같이 앉아 재미있게 놀아보세요! 어린 아이들은 보통 아무 계획 없이 그냥 놉니다. 다음에 뭘 해야 할지, 제대로 놀지 못하면 어떻게 할지 등을 걱정하지 마세요. 흘러가는 대로 두고, 아이의 관심 속에 머무르세요.

### 재미있는 소리나 단어를 활용하기

아이들은 웃기고 재미있는 말소리를 좋아합니다. 이런 말들은 활기 있고 제스처를 같이 할 때가 많아서 이해가 잘 되고 금방 외울 수 있습니다.

지금 하고 있는 행동에 딱 맞을 만한 재미있는 소리나 단어를 생각해보세요. 놀이터에서 미끄럼틀을 타고 있다면, "슝~" 같은 말이 좋을 것입니다. 인형을 재우고 있을 때라면, "쉬~" 하면서 손을 입술에 올립니다. 뭔가가 잘못될 때, 양손으로 머리를 잡으면서 "에고" 또는 "저런!"이라고 해도 됩니다.

"음메"나 "야옹" 같은 동물의 울음소리나, "워어" 같은 괴물이나 캐릭터들이 내는 소리, 자동차 소리나 "칙칙폭폭" 같은 기차 소리를 아이가 아주 좋아할지도 모릅니다. 아이가 좋아할 만한 재미있는 단어들을 몇 가지 알려드릴게요.

- **쿵!** – 뭔가 떨어지거나 큰 소리가 날 때
- **부릉부릉 빵빵!** – 자동차나 트럭을 가지고 놀 때
- **아야!** – 다쳤거나 아플 때 그 부위를 가리키며 아픈 표정으로 말하세요
- **졸졸** – 물을 틀거나 물이 흐를 때
- **웩!** – 아주 싫은 표정을 과장해서 지으면서
- **냠냠! 또는 음~!** – 배부르다는 뜻으로 배를 두드리면서
- **빠이빠이** – 헤어질 때 손을 흔들며
- **짠!** – 까꿍놀이하면서 나타날 때
- **펑!** – 풍선이 터지거나, 장난감이 튀어 오를 때
- **위! 아래!** – '위'라고 말할 때는 말끝을 올리고, '아래'라고 할 때는 말끝을 내린다
- **꿀꿀, 멍멍, 삐약삐약** – 그 외 다른 동물소리

### 엄마 아빠의 장난감을 가지고 오세요

장난감이 하나만 있으면 아이가 가지고 놀고 있을 때 끼어들기가 곤란합니다. 그러면 구경꾼이 되어버리기 쉽습니다. 해결 방법은 아이의 장난감과 아주 비슷한 것으로 엄마 아빠 것을 하나 더 마련하는 것입니다. 예를 들어, 아이가 장난감 트럭을 몰거나 블록을 쌓고 있으면, 엄마 아빠도 자동차를 갖고 오거나 뭔가 쌓을 수 있는 것을 찾아보세요. 아이가 엄마 아빠가 가진 장난감을 달라거나 장난감을 양손에 다 가지려고 할 경우를 대비해 여분의 장난감을 준비해두세요.

### ~척하기

아이가 초기 언어나 서툰 문장 단계가 되면 상상놀이를 시작합니다(관심표시 단계에서도 표현언어보다 이해언어가 훨씬 더 많이 발달한 아이는 상상놀이를 할 수 있습니다). 장난감을 마치 진짜라고 여기며 노는데, 예를 들면 장난감 전화기로 정말 할머니와 통화합니다 (상상놀이에 대해서는 7장에 더 자세히 나옵니다). 놀이에 끼어들기엔 '척하기'만큼 좋은 기회가 없습니다. 역할을 택해 그 인물처럼 행동하면서 놀이를 더 재미있게 만들어보세요.

엄마!

엄마가 좀 먹어 볼게. 음~ 국 맛있다!

그레이엄이 엄마한테 국을 먹여줬는데, 엄마가 먹고 맛있다고 하니까 상호작용이 점점 더 재미있어집니다.

### 행동이나 말로 아이의 관심사를 따라가세요

아이의 관심사를 따라가면서 말이나 행동으로 반응해 엄마 아빠가 네 말과 행동에 집중하고 있다는 것을 아이에게 알려주세요. 말 시키기에만 몰두하지 않고도 자연스럽게 상호작용을 늘리는 것이 중요합니다. 적용해볼 수 있는 전략들을 다음의 세 페이지에 걸쳐 소개하겠습니다.

**따라 하기**

이제 막 의사소통을 시작하는 어린 아이와 교감하는 가장 좋은 방법은 아이의 행동, 표정, 소리, 말 등을 그대로 따라 해 보여주는 것입니다. 아이를 잘 지켜봐야 하니, 얼굴을 마주 보면서 '지켜보고, 기다리고, 들어주기'하세요. 그런 다음에 아이가 하는 대로 똑같이 해보세요. 아이가 식판을 두드리면 엄마도 뭔가를 두드리세요. 아이가 소리를 내면 엄마도 같은 리듬, 크기, 높이의 소리를 내주세요. 우리 아이가 반사적 반응 단계나 관심표시 단계라면 울음 말고는 무엇이든 따라 해주세요. 언제, 어디서나요.

엄마는 에번이 하는 대로 똑같이 따라 합니다. 상호작용을 시작하는 데 이만한 방법이 없습니다.

**발음이 틀리다고 고치려 들지 마세요**

아이들이 말을 배울 때 발음하기 어려운 단어들이 많습니다. 아이의 발음이 틀릴 때는 옳은 발음으로 다시 말해주세요. 예를 들어, 기차를 "지치"라고 하면, "그래, 기차야"라고 말해줘서 아이가 정확한 발음을 들을 수 있게 해주세요. 아이가 계속해서 기차 얘기를 하면 반응할 때 마다 "기차"라고 반복해주세요. '지치'는 틀렸으니 "기차"라고 다시 말해 보라고 할 필요는 없습니다. 잘 하고 있다고, 더 해보고 싶어지게 해주고, 말하는 것을 조심하지 않게 해주세요. 발음이 정확해지는 데도 시간이 걸립니다.

### 해석하기

아이의 메시지를 해석한다는 것은 아이가 말하고 싶어하는 것이 무엇인지를 알아채 그 것을 말로 바꾸어준다는 것을 말합니다. 이것은 아이로 하여금 엄마 아빠가 듣고 있고 너를 이해하려고 노력하고 있다는 것을 알려주는 매우 효과적인 방법입니다. 해석하기 는 아이가 소리나 제스처로 의사소통을 할 때 주로 쓰는 방법인데 아이가 하는 말이 무엇인지 알아듣기 어려울 때도 역시 필요합니다.

아이의 메시지를 해석하기 전에, 아이가 말하려는 것이 무엇인지를 확실히 이해하려면 우선 '지켜보고, 기다리고, 들어주기'를 해야 합 니다. 아이가 뜻하는 것이 무엇인지 파악했다면, 문법에 맞는 짧 은 문장으로 표현해주세요.

예를 들어, 아이가 산책하고 있는 큰 개를 가리킨다면, 아이의 주의를 끈 것이 무엇일지 생각해보세요. 엄마가 생각하기에 우리 아이의 관심을 끈 것이 큰 개였다면 "아주 큰 개구나"라고 말로 표 현합니다. 자신의 메시지를 엄마가 짧고 정확한 문장으로 '해석' 해주는 것을 들으면서 아이는 언어를 배우고, 언젠가 스스로 할 수 있을 때가 되면 그 말들을 하기 시작할 것입니다.

아빠가 로버트를 마주 보고 기다려보니, 로버트가 그 네를 밀어달라는 뜻으로 발길질하는 것을 봅니다. 아 빠는 그 동작을 해석해서 "밀어주세요"라고 말로 해 줍니다.

### 코멘트 하기

아이의 관심사를 따라가는 또 다른 방법으로는 바로 그 순간에 아이가 하는 행동이나 말에 맞아 떨어지는 코멘트를 해주는 것입니다. 엄마 아 빠의 코멘트가 아이의 말이나 행동과 맞아 떨어질 때 상호작용이 이어질 수 있습니다. 또한 코멘트는 흥미로 운 정보를 아이가 배우도록 제공해주 는 역할도 합니다. 코멘트를 할 때, 짧고 정확한 문장을 사용하세요.

엄마는 스콧의 관심사에 맞춰 코멘트를 합니다.

## 너무 자주 질문하지 말아요

대화하다 보면 자연스럽게 질문을 하게 됩니다. 아이의 관심사를 따라가려면 질문이 꼭 필요합니다. 그런데 질문을 하면 아이가 스트레스를 받을 수도 있습니다. 특히 질문을 너무 많이 하거나, 아이가 지금 관심 있는 것과 아무 상관이 없는 질문을 하면 더욱 그렇습니다.

다음의 4장에서 질문에 대해 좀 더 자세히 다룰 것입니다. 우리 아이가 반사적 반응 단계가 아니라면 (단계에 대해 궁금하면 44쪽을 보세요), 당분간은 질문을 조금만 하세요. 아이의 관심사를 따라가는 가장 좋은 방법은 따라 하기, 해석하기, 코멘트 하기입니다.

**아이의 관심사를 따라가면서 반응을 결합하기**

아이의 관심사에 맞는 말을 하거나 행동을 보여줄 때, 한 번에 두 가지 반응을 섞어서 할 때도 있습니다. 따라 하기, 해석하기, 코멘트 하기, 질문하기 등의 반응을 할 때, 한 번에 두 가지 정도를 섞되 그 이상을 넘어가지 않도록 주의하세요.

엄마는 늘 그레이스에게 에디를 살살 만져주라고 말합니다. 그렇게 엄마는 그레이스의 "아아아…"가 살살 만져준다는 뜻이라고 해석해줍니다. 그런 다음 코멘트를 합니다.

엄마는 먼저 브라이언을 따라 하고, 그 다음에 '에고'의 의미를 해석해줍니다.

### 마무리하기가 중요합니다

아이가 뭔가 요구했을 때, 할 수만 있다면 끝까지 해주는 것이 중요합니다. 예를 들면 아이가 자신이 좋아하는 티셔츠를 입겠다고 하는데, 무슨 말을 하고 있는지 모를 때, 엄마가 따라 하기나 해석하기, 코멘트를 하면서 무슨 말인지 알아냅니다. 그리고 티셔츠를 입는 것까지 완수해야 마무리됩니다.

카메론이 자기 양말을 신겠다고 했을 때, 엄마는 카메론의 메시지를 해석해주고 양말을 신겨주고 끝냅니다.

마무리하기를 통해서 아이는 성공적인 의사소통의 영향력을 알게 됩니다. 바로 자기가 원하는 것을 얻는 경험입니다. 때론 해줄 수 없는 것을 해달라고 할 때도 있습니다. 그럴 때는 네 말을 알겠는데 왜 해줄 수 없는지를 설명해주세요. 아래 그림 속 그레이엄의 아빠처럼요.

그레이엄이 주스를 많이 마셨습니다. 더 달라고 하지만, 아빠는 주스를 다 마셔서 더 이상 없다고 하며 안 줍니다.

# 발달 단계에 따라 아이의 관심사를 따라가는 방법이 다릅니다

## 반사적 반응 단계

반사적 반응 단계에서 '지켜보고, 기다리고, 들어주기'를 하면, 아이가 뭘 원하는지, 아이의 기분이 어떤지 알 수 있습니다. 아직 의도적인 의사소통은 하지 않지만, 마치 그런 양 반응해주세요.

**따라 하기:** 아이의 동작, 행동, 표정 등을 따라 하세요. 만일 아이가 혀를 내밀면, 엄마 아빠도 혀를 내미세요. 아이가 내는 소리를 그대로 정확히 따라 하는 것이 아주 중요합니다. 아이가 "바-바-바-바" 하면, 여러분도 똑같이 하세요. 기회가 될 때마다 자주 따라 하다 보면 특별한 교감이 생깁니다. 아이가 멈추고 엄마 아빠를 볼지도 모릅니다. 기다리고 있으면 심지어 아이가 엄마 아빠를 따라 하기도 한다니까요!

아-다-.

아-다-.

엄마는 빅토리아가 내는 소리를 완전히 똑같이 따라 합니다. 상호작용을 시작하는 아주 좋은 방법입니다.

**해석하기:** 아이의 움직임, 표정, 소리를 마치 아이가 엄마 아빠에게 뭔가를 말하고 있는 것으로 해석하세요. 예를 들면 엄마가 간지럼을 태우고 아이가 웃으며 기분 좋은 소리를 낸다면, 이를 마치 엄마에게 "나는 간지럼을 좋아해요"라고 말하고 있다고 해석해주는 것입니다. 다시 한 번 간질이면서 "간지럼을 좋아하는구나, 간질간질"이라고 말해줍니다. 짧게 말하려고 노력할 필요는 없습니다. 엄마가 무슨 말을 하는지 아이가 이해하진 못하겠지만, 우리 아이는 엄마 목소리 듣는 것을 좋아하니까 계속 활발하게 말해주세요.

앤드루가 왔네. 앤드루가 "안녕" 하고 싶대.

케이티가 오빠 앤드루를 쳐다보자, 아빠는 케이티의 관심사를 따라 코멘트를 합니다.

**코멘트 하기:** 반사적 반응 단계에서는 마치 우리 아이가 말을 하는 아이인 것처럼 대해 주세요. 엄마 아빠가 뭘 하는지, 아이는 뭘 하고 있는지, 지금 주변에 무슨 일이 일어나고 있는지, 자주 얘기해주세요. 예를 들어 아이가 재채기를 하면 "우와, 재채기 크게 했네"라고 말해주고, 전화 벨소리를 듣고 아이가 돌아보면, "전화 왔네. 할아버지가 저녁에 오신다고 전화하시나 보다" 하고 말해줄 수 있습니다.

**질문하기:** 반사적 반응 단계에서 질문이야말로 교감을 유지하는 가장 좋은 방법입니다. 우리 아이가 엄마 아빠의 말을 이해하지는 못하겠지만, 아이는 부모의 음성을 좋아합니다. 질문할 때는 말소리의 높낮이와 강약이 바뀌기 때문에 더 흥미롭게 들립니다. 어떤 종류의 질문도 괜찮습니다. 예를 들어 방 밖에서 소리가 났다고 치면, 밖을 보면서 "무슨 소리 들었니?"라거나 "아빠가 밖에서 무슨 소리를 냈나?"라고 물어보세요. 아이가 하품을 하면, "낮잠 잘까?"라든가 "졸리니?"라고 물어볼 수 있습니다. 어떤 단어를 사용하는지는 그리 중요하지 않습니다. 중요한 것은 엄마 아빠의 목소리를 아이가 듣는다는 것과 엄마 아빠가 반응한다는 것을 아이가 알게 되는 것입니다.

**함께 놀기:** 반사적 반응 단계의 아이라면 장난감을 흔들거나 내리치고 입에 가져가기를 좋아합니다. 끼어들어 함께 놀기 전에 먼저 '지켜보고, 기다리고, 들어주기'를 해야 합니다. 아이에게 새로운 것을 시도해볼 적절한 타이밍을 맞춰야 하기 때문입니다. 아이가 장난감을 들고 엄마 아빠도 바라볼 수 있게 하려면, 서로 얼굴이 마주 보이는 위치에 자리잡으세요. 장난감을 소개해줄 때, 예를 들어 딸랑이를 보여주려면, 엄마 아빠 얼굴 바로 앞에 딸랑이를 들어 보여주세요.

때론 먼저 아이의 관심을 끌어서 장난감을 보게 만들어야 할 때도 있습니다. 그러기 위해서는 장난감을 가지고 뭔가 재미있는 것을 하세요. 흔들거나, 들고 왔다 갔다 하면서 장난감으로 아이를 장난스럽게 건드리는 식으로요. 소리나 동작 때문에 아이가 놀라지 않도록 장난감이나 물건을 천천히 움직이세요. 장난감을 보다가 다시 엄마를 보게 하려면 우습거나 재미있는 소리를 내보세요. 혀로 '똑딱' 소리를 내거나 조용히 아이의 이름을 부른다거나 하세요.

만일 아이가 잠깐이라도 엄마를 쳐다본다면 그 즉시 아주 열광적으로 반응해주세요. 아이와 눈을 맞추고 웃으면서 아무 말이든지 해주면서요.

조던의 곰돌이네. 봐! 곰돌이가 춤추네!

조던이 곰돌이 쪽으로 손을 뻗자, 엄마는 그 행동을 '요청'이라고 해석합니다. 끼어들어 함께 놀기 위해 엄마는 곰돌이가 춤을 추게 합니다.

### 관심 표시 단계

아이와 마주 앉아 무엇에 관심을 갖는지 지켜보면서, 아이가 엄마 아빠에게 메시지를 보내기를 기다리세요. '우리 아이가 무슨 생각을 하나? 어떤 기분일까?' 자문하면서 아이의 관심사를 따라갈 준비를 합니다.

이 단계 초기에 아이는 자기가 생각하는 것을 어떻게 엄마 아빠에게 알려줄 수 있는지 아직 잘 모릅니다. 그래서 엄마 아빠를 봤다가 자기가 생각하고 있는 것을 봤다가 왔다 갔다 해봐야 하고, 자신의 관심을 끄는 것이 생기면 엄마 아빠에게 알려주기를 해봐야 합니다. 엄마 아빠와 물건을 왔다 갔다 하며 번갈아 보기 편하게 해주려면, 물건 옆에 자리를 잡고, 물건을 가리키거나 집어서 엄마 아빠 얼굴 옆에 나란히 들고 보여주세요.

아빠는 장난감을 들고 메건이 아빠와 장난감을 번갈아 보기 쉽게 만들어줍니다.

**따라 하기:** 뭘 해야 할지 모를 때는 그냥 따라 하세요! 관심표시 단계인 우리 아이는 엄마 아빠가 자신의 행동, 표정, 소리를 따라 하는 것을 좋아합니다. 아이가 한 것과 똑같은 리듬과 크기, 어조로 따라 하세요. 기회가 있을 때마다 따라 하세요. 아이가 똑같은 행동을 또 하면, 엄마 아빠도 또 따라 하세요. 따라 하기는 서로가 번갈아 하는 게임과 같기에 상호작용을 시작하게 만듭니다. 처음엔 주로 엄마 아빠가 아이를 따라 하고 점점 아이가 엄마 아빠를 따라 하는 것을 배웁니다.

해석하기: 아이는 행동이나 표정, 제스처, 소리 등으로 메시지를 보냅니다. 우리 아이가 의사소통을 할 때, 말하려고 하는 것이 무엇일지 해석해서 말로 바꿔주세요. 예를 들어 바나나를 줬더니 아이가 "아니 아니" 하면서 고개를 돌린다면, 이 동작을 해석해서 "바나나 먹기 싫어요"라고 말로 해주세요.

해석하기는 우리 아이가 신호를 배우거나 그림 가리키기를 가르칠 때도 똑같이 적용됩니다. 아이의 메시지를 해석해주면서 신호나 그림을 보여주세요. 그리고 해당하는 단어를 언제나 말로 해주세요. 해석하기는 아직 아이가 말을 못하지만 언젠가 말을 할 수 있게 되었을 때 큰 도움이 됩니다.

코멘트 하기: 우리 아이의 메시지와 연관되거나, 지금 벌어지고 있는 상황에 대해 코멘트를 해주세요. 아이가 엄마 아빠의 말을 이해할 수 있도록, 짧고 정확한 문장으로 말해주세요.

끼어들어 함께 놀기: 관심 표시 단계에서 끼어들어 함께 놀기에 가장 좋은 방법은 아이가 장난감을 갖고 노는 그대로 따라 하는 것입니다. 그러려면 엄마 아빠도 따로 장난감이 있어야 합니다. 우리 아이가 모양 맞추기를 하고 있다면, 엄마 아빠도 조각을 갖고 끼어드세요. 아이가 컵으로 통에 물을 부으면서 놀고 있다면, 엄마 아빠도 자기 컵을 갖고 와서 물을 퍼서 아이의 통에 부으세요. 놀면서 재미있는 소리를 내거나 활기찬 목소리를 더해서 상호작용이 계속될 수 있게 해주세요.

쿠키. 그래, 우리 쿠키 먹자.

아.

엄마는 쿠키를 가리키는 하니파의 메시지를 해석해 말로 표현해줍니다.

장난감을 갖고 아이가 하는 대로 따라 하면서, 놀이에 끼어들어 함께 놀아주세요.

## 초기 언어 단계

마주 보고 '지켜보고, 기다리고 들어주기' 하세요. 우리 아이가 당장 메시지를 보낼지도 모르지만, 한참 뒤에나 상호작용을 시작할지도 모릅니다. 여러분이 '지켜보고, 기다리고, 들어주기'를 할 때 아이는 자신의 관심사를 엄마 아빠와 이야기 나눌 기회를 갖게 됩니다.

아이가 대화를 시작하면 아이가 말한 것과 연관 지어 대답해주세요. 아이가 자기 마음속에 생각한 것을 다른 사람과 소통하는 능력을 길러줄 수 있습니다.

아이 말을 따라 하고, 짧은 문장으로 바꿔주세요.

아이의 메세지를 해석해서 메세지에 해당하는 말로 바꿔주세요.

**따라 하기:** 우리 아이의 행동, 소리, 말을 따라 해보세요. 따라 하기는 초기 언어 단계의 아이가 상호작용을 계속하고 싶게 만들어 주는 아주 효과적인 전략입니다. 만일 우리 아이가 나만의 방식 의사소통 스타일이라면, 상호작용을 시작하고 유지하는 데 따라 하기가 상당히 도움이 됩니다.

**해석하기:** 우리 아이의 동작, 소리, 말을 해석해서 짧은 문장으로 만들어주세요. 예를 들어 노래를 틀어달라는 뜻으로 "랄랄라"라고 말했다면, "노래가 듣고 싶구나! 좋아, 노래 틀어보자"고 말해주는 것입니다. 아이가 뭔가를 말하는데 엄마 아빠가 도무지 알 수 없을 때는 '아이가 말하고 싶은 것이 뭘까?' 자문하면서 최선을 다해 추측해보세요. 엄마 아빠의 추측이 맞았는지 아이가 알려줄 것입니다. 만일 틀렸다면? 계속 시도해보세요.

**코멘트 하기:** 아이가 보낸 메시지에 응답하거나 지금 일어나고 있는 일과 관련해서 코멘트를 해주세요. 코멘트는 한두 단어나 아주 짧은 문장이어야 아이가 이해할 수 있습니다. 예를 들어 아이가 빈 그릇을 보면서 "엇"이라고 말한다면, "없어"라고 말해주고, "시리얼을 다 먹었네"라고 코멘트 해주세요.

**함께 놀기:** 끼어들어 함께 놀 때는 아이처럼 놀아야 합니다. 재미있는 밀을 하고 장난감을 가지고 끼어들어 신나게 상호작용하세요. 가끔 이 단계에서 아이가 상상놀이를 시작하기도 하는데, 그럴 때는 끼어들어서 아이가 하는 상상놀이 속의 역할을 따라 해주세요.

## 서툰 문장 단계

'지켜보고, 기다리고, 들어주기'하면서 우리 아이가 메세지를 보낼 때까지 기다려주세요. 이 단계에서도 아이와 눈높이를 맞추는 것이 중요하고, 가능하면 얼굴을 마주 보는 것을 추천합니다. 우리 아이가 주저하거나 수동적인 의사소통 스타일이라면, 얼굴을 마주 보고 있어야 아이가 보내는 비언어적인 메세지를 읽을 수 있고, 엄마 아빠가 듣고 있다는 것을 아이에게 확실히 알려줄 수 있습니다. 만일 우리 아이가 나만의 방식 의사소통 스타일이라면, 마주 보고 있지 않으면 엄마 아빠를 끼워주고 싶은 마음이 생기지 않을 수 있습니다.

**해석하기:** 엄마 아빠도 때로는 우리 아이가 무슨 말을 한 건지 확실치 않기 때문에 해석이 필요할 때가 있습니다. 예를 들어, "엄마 의자"라고 아이가 말했는데, "엄마, 의자에 앉을래요"인지 "엄마, 의자를 치워주세요"인지 확실하지 않을 때가 있습니다. 그럴 때는 뭐라고 엄마가 이해했는지 해석해주면, 아이가 무슨 뜻으로 말했는지 확실히 알 수 있습니다.

**코멘트 하기:** 이제 코멘트에 내용을 좀 더 넣어봅니다. 왜냐하면 이제 아이는 말을 꽤 이해할 수 있기 때문입니다. 예를 들어 아이가 "아기 울어"라고 말하면, "아기가 울어. 아기가 배고파서 울어"라고 아이가 우는 이유를 말해줄 수 있습니다. 또는 과거에 있었던 일을 상기시켜 줄 수도 있습니다. 예를 들어, "어제 놀이터에서 아기가 우는 것 봤지, 기억나?"라고 물을 수도 있습니다.

아빠는 로라의 관심을 따라서 코멘트를 해줍니다.

**함께 놀기:** 아이의 가상놀이에 끼어들어 역할을 맡아 함께 놀아주세요. 의사놀이에 엄마 아빠가 끼어들어 환자 역할을 해주면 놀이가 훨씬 더 재미있어집니다.

브랜던은 할머니와 의사놀이하기를 좋아합니다. 할머니가 끼어들어 환자 역할을 해줍니다.

이 장에서는 아이의 관심을 따라갈 수 있는 다양한 전략을 배웠습니다. 잘 활용한다면 아래와 같은 성과를 얻을 수 있습니다.

- 우리 아이와 교감이 깊어집니다.
- 우리 아이가 의사소통을 하고 싶어지고 자신감이 생깁니다.
- 우리 아이가 엄마 아빠와 상호작용할 기회가 점점 많아집니다.
- 우리 아이가 언어를 배울 기회를 만듭니다.

일단 아이의 관심사를 따라간 다음에도 계속 '지켜보고, 기다리고, 들어주기' 하세요. 아무 것도 안 하는 순간이 생겨도 기다리세요. 기다려주면 우리 아이가 다시 대화를 시작하거나 자기 차례를 한 번 더 해볼 기회를 갖게 됩니다. 자기 차례 갖기에 대해서 4장에서 자세히 배우겠습니다.

# Chapter 4

# 상호작용의 지속 비결은
# 차례를 주고받는 것입니다

여러분은 지금까지 우리 아이의 관심사를 어떤 방법으로 따라갈 수 있는지, 그리고 그 과정 속에서 어떻게 상호작용을 좀 더 잘 할 수 있는지 배웠습니다. 4장에서는 상호작용을 지속하기 위해 아이와 교대로 차례[1]를 갖는 방법들이 나옵니다. 상호작용을 지속하게 만드는 것은 매우 중요합니다. 왜냐하면 상호작용이 길어질수록 의사소통할 기회가 더 많아지고, 기회가 많을수록 의사소통하는 법을 더 배울 수 있기 때문입니다.

---

1 '차례'란 우리 아이가 자신이 상호작용에 참여하고 있다는 것을 엄마 아빠에게 알려주는 행동이라면 무엇이든 해당합니다. 예를 들면 엄마를 바라본다거나, 몸짓을 한다거나, 소리를 내거나 단어를 말하는 등 상호작용으로 일어나는 모든 것이 '차례'입니다. '자기 차례'라는 표현은 두 사람이 하는 행동임을 뜻합니다. 서로의 얼굴을 쳐다보고, 몸짓을 하고, 소리를 낸다거나 말을 하는 등의 방법으로 서로에게 현재 상호작용 중임을 알리는 것입니다. 예를 들어 '까꿍놀이'를 한다면 엄마가 먼저 아이를 이불로 덮어줍니다. 아이가 이불을 헤치고 나오면 이것이 바로 '자기 차례 갖기'가 되는 것입니다. 엄마가 이를 받아 "여기 있구나!"라고 말해주면(자기 차례 갖기) 다시 아이가 까르르 웃습니다(자기 차례 갖기). 이런 식으로 엄마와 아이가 주거니 받거니 하면 이게 바로 훌륭한 대화가 됩니다. (편 서스먼, 《우리 아이 언어치료 부모 가이드》, 수오서재, 2017)

## 각 단계별로 차례를 가지는 방법이 다릅니다

자기 차례를 가질 때 보이는 모습은 아이의 의사소통 단계마다 다릅니다. 반사적 반응 단계에서는 의도적으로 행동하지 않으므로 아이가 보이는 어떤 반응이라도 모두 자기 차례를 한 것으로 간주해야 합니다. 예를 들어 소리, 표정, 미소, 작은 몸동작, 심지어 트림이나 재채기조차도 말입니다.

관심 표시 단계에서 보이는 모습은 또 다릅니다. 아이는 자기 차례에서 엄마 아빠를 바라보거나, 어떤 동작이나 제스처를 하고, 소리를 내기도 합니다. 또는 몇 가지를 동시에 하기도 하는데, 예를 들면 강아지를 보고 엄마에게 알려주려고, 손으로는 강아지를 가리키고 엄마 쪽으로 돌아보면서 소리를 냅니다. 만일 아이가 목소리를 낸다면 알아차리기 쉽지만 관심 표시 단계의 아이는 아무 소리를 내지 않을 때가 많습니다. 만일 우리 아이가 소리를 별로 내지 않는 아이라면 아이의 표정이나 행동, 제스처 등을 아주 잘 봐야 합니다.

초기 언어 단계에서는 자기 차례에 한마디 정도의 말을 하거나 신호나 그림을 가리키는데, 보통 소리나 행동이나 제스처를 같이 합니다.

조던은 반사적 반응 단계입니다. 조던이 엄마 쪽으로 팔을 벌리면서 활짝 웃자 엄마는 이를 조던이 자기 차례를 했다고 간주합니다.

서툰 문장 단계에는 자기 차례에 보통 두세 단어를 합친 말을 하지만 여전히 한 단어만 쓰기도 합니다.

의사소통의 스타일에 따라서도 조금씩 다릅니다. 우리 아이가 사교적인 의사소통 스타일의 아이라면, 아마도 엄마 아빠와 이미 교대로 자기 차례를 가지면서 약간의 대화를 하고 있을 것입니다. 반면에 아이가 반사적 반응 단계이거나 수동적, 또는 주저하는, 또는 나만의 방식 의사소통 스타일이라면, 교대로 자기 차례 갖기가 꽤 어려울 수 있습니다. 아마도 자기 차례를 언제, 어떻게 해야 할지 몰라서 그럴 것입니다. 엄마 아빠와 교대로 차례 갖기가 잘 안 된다면, 상호작용을 짧게 하세요. 이 장에서 여러분은 우리 아이가 엄마 아빠와 교대로 차례 갖기를 더 많이 할 수 있는 방법들을 배울 것입니다.

## 차례의 균형을 맞추세요

대화는 서로 균형이 맞을 때 가장 잘 통합니다. 균형이 맞는 대화란 엄마 아빠가 아이와 같은 횟수의 차례를 갖고, 부모의 차례가 아이의 차례보다 더 길어지지 않는 것입니다. 쉽게 말해, 엄마 아빠가 **아이보다 너무 많이 말을 하거나 앞서가지 않는 대화**를 말합니다.

- **아이의 관심에 맞추기:** 아이와 대화할 때는 언제나 아이가 관심 있는 것에 집중하세요. 아이의 관심사를 따라갈 때, 아이가 더 많은 차례를 가지게 되고 상호작용이 길어집니다.
- **아이의 차례에 길이를 맞추기:** 아이 차례는 짧을 것입니다. 엄마 아빠도 짧게 해서 아이와 길이를 맞춰주세요. 아이만큼 짧아지지는 않겠지만, 너무 길어져서는 안 됩니다.
- **아이의 속도에 맞추기:** 대화의 속도를 아이가 정하게 해주세요. 아이가 탐색하고, 이해하고, 반응을 보이는 데 필요한 시간을 주기 위해서는 보통 때보다 속도를 늦추고 좀 더 기다려줘야 할 필요가 있습니다.

아이와 균형이 맞는 대화를 하려면 마주 보고 '지켜보고, 기다리고, 들어주기'는 당연한 전제입니다. 지켜보고 들어주고 있으면, 언제 아이가 의사소통을 하려고 하는지, 언제 관심이 바뀌는지 알 수 있습니다. 엄마 아빠가 차례 갖기를 한 다음에 기다리고 있으면 메시지를 보내는 데 필요한 시간을 아이에게 주고 있는 것입니다.

아래 그림을 보면 엄마는 브라이언에게 '지켜보고, 기다리고, 들어주기' 하면서 아이의 관심사를 따라가고 있습니다. 엄마 차례를 짧게 해서 브라이언의 차례와 길이를 맞추고, 또한 차례의 횟수도 맞춰서 엄마가 너무 앞서가지 않고 균형을 맞추고 있습니다.

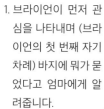

1. 브라이언이 먼저 관심을 나타내며 (브라이언의 첫 번째 자기 차례) 바지에 뭐가 묻었다고 엄마에게 알려줍니다.

봐!

바지가 더러워졌구나.

2. 엄마는 브라이언의 관심사를 따라가면서 짧게 말합니다. 그런 다음에 브라이언이 다음 차례를 갖도록 기다려줍니다.

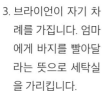

3. 브라이언이 자기 차례를 가집니다. 엄마에게 바지를 빨아달라는 뜻으로 세탁실을 가리킵니다.

엄마.

엄마가 바지를 빨아줄게.

4. 다시 한 번 브라이언의 관심사에 맞춰서 엄마가 짧게 말합니다. 그런 다음에 브라이언이 다음 차례를 하길 기다립니다.

## '큐(Cue)'[2]신호로 자기 차례를 갖게 하세요

교대로 차례를 가지면서 대화하기를 배우려면 시간이 꽤 걸립니다. 아이는 단지 언제가 자기가 말할 차례인지를 몰라서 의사소통을 못하기도 합니다. 또한 자기 차례가 '지금'이라는 것을 알더라도 무슨 말을 해야 할지, 뭘 해야 할지 몰라서 아무것도 못하기도 합니다.

우리 아이가 교대로 차례 갖기를 배울 수 있는 유일한 방법은 자신을 응원해주고, 의사소통을 수월하게 할 수 있도록 만들어 주는 사람들과 상호작용하는 것입니다. 아이에게 수영을 가르칠 때 부모가 튜브를 주고 물에 쉽게 뜰 수 있도록 해주는 것처럼 우리 아이가 자기 차례를 혼자서도 알아서 가질 때까지는 아이가 알기 쉽도록 '지금이 네 차례야'라는 **큐**를 줘서 알려주세요.

가장 좋은 큐 중의 하나는 단순히 그냥 **기다려주는 것**입니다. 기다려주기는 '이제 엄마의 차례가 끝났으니 네가 다음 차례'라는 분명한 메시지를 담고 있습니다. 그렇지만 때론 그냥 기다려만 줘서는 부족할 때도 있습니다. 어쩌면 우리 아이는 지금 자신의 차례라는 것도 알아야 하지만, 자기 차례에 뭘 해야 하는지도 알려줘야 할 필요가 있습니다. 아래에 나오는 큐들은 하나만 쓰거나 한두 가지를 결합해서 활용할 수 있습니다.

- **기다려주면서 얼굴 표정이나 몸짓 언어로 아이에게 큐 주기:** 기다려주면서 얼굴 표정이나 몸짓으로 '이제 네 차례야'라는 신호를 아이에게 줍니다. 이렇게 하려면,
  - 아이 쪽으로 몸을 기울여서 엄마 아빠가 듣고 싶어한다는 것을 알립니다
  - 눈을 크게 뜨고 눈썹을 치켜 올리면서 기대하는 표정을 보여주세요
  - 한번 해보라는 뜻으로 미소를 짓거나 고개를 끄덕여주세요
  - 지금 아이의 관심을 사로잡은 것을 손으로 가리켜주세요

때때로 아이들은 엄마 아빠가 5초에서 10초 정도 기다려주기만 해도, 이런 큐에 반응하면서 차례 갖기를 배웁니다. 이런 종류의 큐는 대화의 흐름을 방해하지 않으면서 엄마 아빠는 '지금 네 차례이니 네가 무엇이든 하길 기대하고 있음'을 알려줍니다. 만일 우리 아이가 이런 종류의 큐에 반응을 잘 보인다면 자주 사용하세요. 단, 큐를 주기 전에 아이가 엄마 아빠를 보고 있는지 먼저 확인하세요.

엄마의 표정과 몸짓은 케티에게 '지금이 네 차례'라는 큐가 됩니다.

---

2 '큐'란 아이에게 말이나 행동을 할 차례라는 것을 알려주는 다양한 신호를 말합니다.

- **아이가 자기 차례를 하지 않으면 제스처나 다른 시각적 도우미 활용하면서… 기다려주기:** 시각적 도우미는 물건이나 제스처, 신호, 그림 등 아이가 눈으로 볼 수 있는 큐를 말합니다. 어린아이는 보고 들을 때 가장 잘 배웁니다. 시각적 도우미는 여러 가지 정보를 줘서 우리 아이가 자기 차례를 할 수 있게끔 도움을 줍니다 (94~96쪽에 시각적 도우미에 대해 더 자세히 나옵니다).

아빠는 태릭에게 말을 하라는 '큐'로 장난감을 사용합니다. 장난감이 시각적 도우미입니다.

- **일단 정지하거나 익숙한 일상을 바꾸고… 기다려주기:** 2장에서 여러분은 그네타기나 간지럼 태우기 등과 같은 익숙한 활동이나 일상생활을 하면서 상호작용을 시작하는 방법들을 배웠습니다. 아직 우리 아이가 교대로 자기 차례 갖기에 생소하다면 이런 익숙한 활동을 하면서 상호작용을 지속하는 방법들을 배울 수 있습니다. 일상생활 중에 아이에게 큐를 주려면 하던 것을 일단 정지하고 '엄마 아빠가 지금 네가 차례 갖기를 기다리고 있다'는 표정을 짓고 바라보세요. 아주 익숙한 일상생활에서 늘 하던 말이나 행동을 안 하거나 다르게 해서 뜻밖의 상황을 만들어보세요. 아이가 놀라서 뭔가 틀렸다고 말할 기회가 만들어집니다(일상생활을 활용하는 방법은 5장에 자세히 나옵니다).

- **교대로 차례 갖기를 어떻게 하는 건지 보여주고… 기다리기:** 아이들에게 많이 알려진 노래나 게임에는 차례 갖기를 해볼 수 있는 동작이 들어 있습니다. 예를 들어 〈우리 모두 다 같이 손뼉을〉 노래에서 아이에게 손뼉을 칠 차례를 만들 수 있습니다. 때론 아이에게 자기 차례에 뭘 해야 할지 시범을 보여줘야 합니다. 어떻게 손뼉을 치는지 보여주기 위해서 몇 번에 걸쳐 "우리 모두 다 같이 손뼉을 짝짝!" 노래할 때마다 손뼉을 쳐 보여주세요. 그런 다음에 "우리 모두 다 같이"까지 노래하고 "손뼉을 짝짝!"은 부르지 말아보세요. 엄마가 마치 손뼉을 칠 듯한 자세를 만들어 손뼉을 치라는 큐를 아이에게 주고, 몸을 앞으로 기울이면서 기대에 찬 표정으로 기다려주세요. 만일 노래를 부르면서 손뼉을 쳐야 할 순간에 아이가 손뼉을 치려는 동작을 하지 않으면, 아이의 손에 엄마 손을 살짝 겹쳐서 손뼉치기를 보여주세요. 노래를 몇 번 더 부르세요. 이런 식으로 여러 번 하고 나서, 손뼉치기 직전에 노래를 멈추고 아이가 스스로 손뼉을 치는지 보세요.

• **질문하고… 기다리기:** 대화 중에 질문을 사용해서 아이에게 차례를 줄 수 있습니다. 이때 큐는 질문이 됩니다. 질문은 한 번에 한 가지만 하고 기다리세요. 대답하는데 시간이 필요하기 때문입니다. 그런데 질문이 항상 차례 갖기를 도와주는 것은 아니라는 것을 기억하세요. 어떤 질문은 오히려 대화를 끝내버리기도 합니다. 다음에 나오는 여러 종류의 질문에 대해 읽으면서 무엇이 우리 아이에게 가장 좋을지 찾아보세요.

엄마가 "아이쿠"라고 말했을 때 제이미는 자기 차례에 뭘 해야 할지 몰랐습니다. 그래서 엄마는 아이가 대답할 수 있는 질문으로 바꿔서 물어보고, 대답할 기회를 주려고 기다립니다.

**우리 아이가 여전히 자기 차례를 갖지 않으면 어떻게 할까요?**

아이가 언제 어떻게 자기 차례를 갖는지 알려면 시간이 좀 더 필요할 수도 있습니다. 보통 아이의 관심사를 따라가면서 엄마 아빠가 먼저 차례를 하고 나서 기다립니다. 아이가 아무 반응도 하지 않으면 이 장에서 기술된 큐를 이용해서 알려주고, 엄마 아빠가 아이의 차례를 기다리고 있음을 알려 주세요. 그런 다음에 또 기다리세요.

그래도 여전히 차례를 하지 않으면, 대신 해주세요. 아이의 의사소통 단계를 염두에 두고 아이가 할 수 있다면 했을 말이나 행동을 하세요. 하지만 아이에게 엄마 아빠를 따라서 해보라고 압박하지 마세요. 그냥 엄마 아빠가 다음 차례를 하면서 대화를 진행해 나가세요. 이렇게 하면 서로 주고받기가 유지될 뿐만 아니라, 아무도 지치지 않습니다. 또 명심해야 할 것은 여러분이 아이에게 기대하는 말이나 행동은 아이가 할 수 있는 것이어야만 합니다.

## 의사소통을 지속시키는 질문은 따로 있습니다

질문하고 대답하기는 의사소통의 중요한 부분입니다. 질문을 통해서 엄마 아빠와 아이가 서로의 메시지와 생각을 이해할 수 있습니다. 또한 질문은 아이에게 다음 차례를 하라는 큐가 되기도 하면서 여러분이 아이의 관심사를 따라갈 수 있게 도와주기도 합니다. 다음에 나오는 다양한 유형의 질문 중에 어떤 질문이 우리 아이에게 가장 유익할지 선택해보세요.

### 선택 질문

선택 질문은 아이이게 두 가지 중에서 하나를 선택하게 합니다. 예를 들어 "우유 줄까, 주스 줄까?"와 같은 질문은 대답하기 쉬워서 아이가 자기 차례를 해볼 기회를 만들어 줍니다. 또한 아이가 자기 뜻이 통한다고 느끼기 때문에 의사소통을 더 하고 싶어질 수 있습니다.

두 가지 중에 하나를 고르는 질문을 만드는 것은 간단합니다. 둘 중 어느 모자를 쓸지, 둘 중 어느 책을 읽고 싶은지 등 선택 질문은 실제 사물을 가지고 만들 때 가장 쉽습니다. 그래서 처음에는 사물을 보여주면서 그 이름을 말해주세요. 아이가 이해하는 것이 점점 많아지면 물건을 보여주지 않고 이름만 말해주고 고르게 할 수 있습니다. **언제나 질문은 짧게, 그리고 쉽게 하세요.** 선택 질문을 했을 때, 아이가 엄마 아빠의 마음에 들지 않는 것을 골랐다 하더라도 바로 수용하고 주셔야 합니다.

### 선택 질문으로 불필요한 힘 싸움을 피할 수 있습니다

선택 질문은 아이들이 있는 가정에서 종종 일어나는 피할 수 없는 갈등 상황을 다루는 데 도움이 됩니다. 예를 들어 아이와 산책하러 나갔다고 상상해보세요. 아이가 유모차를 안 타겠다고 하면서 걷기는 힘들다고 길에 앉아서 움직이지 않습니다. 이럴 때 선택 질문으로 힘 싸움을 피할 수 있습니다. "걸어갈까, 유모차 타고 갈까?" 질문은 짧게, 말은 천천히 하면서, 중요한 단어에 힘을 주고 시각적 큐(유모차를 가리키기)도 사용하세요. 그런 다음에 아이가 선택하도록 기다려주세요. 만일 아이가 선택하지 않으면 엄마 아빠가 대신 결정을 내려주셔야 할 것입니다. 적어도 엄마 아빠는 아이에게 선택할 기회는 준 것이니까요.

### 네-아니오 질문

네-아니오 질문은 "네" 또는 "아니오"로 대답할 수 있는 질문을 말합니다. 예를 들어 "밖에 나가고 싶어?"라든가 "인형이 배고프니?" 같은 질문을 말합니다. 이런 류의 질문은 아이가 말을 시작하기 전에도 아이와 의사소통 하는데 아주 유용합니다. 네-아니오 질문에 아이들은 보통 머리를 좌우로 흔드는 "아니오"를 먼저 배우고, 고개를 위아래로 끄덕이는 "네"를 그 뒤에 배웁니다.

### 육하원칙 질문

'누가, 언제, 어디서, 무엇을, 어떻게, 왜'로 시작하는 질문입니다. 초반에는 '누구, 어디, 무엇'으로 시작하는 짧고 쉬운 질문들을 먼저 이해합니다. 예를 들어 "이게 뭐지?" "곰돌이가 어디 있지?" "누가 왔지?" 등의 질문입니다(단어나 사물의 이름을 묻는 질문을 너무 자주 해서 아이를 테스트하지 마세요).

좀 더 지나면, 이유를 묻는 '왜'로 시작하는 질문을 이해할 수 있게 되고, '언제'와 '어떻게'로 시작하는 질문들은 한참 지나서야 이해하게 됩니다. '언제'라는 질문에 대답하려면 아이가 시간에 대한 개념을 이해할 수 있어야 하기 때문입니다. 따라서 '언제'나 '어떻게'로 시작하는 질문은 아이의 언어 능력이 훨씬 더 발전하고 나서야 가능합니다.

## 대화를 중단시키는 질문은 피하세요

질문은 우리 아이가 자기 차례를 갖게 기회를 만들어 줄 수 있습니다. 그런데 질문이 아이에게 스트레스가 되면 오히려 대화가 더 이상 이어지지 못할 수도 있습니다.

엄마가 너무 많은 질문을 하니 그레이엄은 자기 차례를 가질 기회조차 없을 뿐더러 차례를 갖고 싶지도 않을 것 같습니다.

## 대화의 걸림돌이 되는 것들!

아이가 대화를 이어나가도록 다음에 나오는 대화의 걸림돌을
피해주세요.

- 질문을 너무 많이 하기
- 다음과 같은 질문은 피하세요
    - 아이에게 대답할 시간을 주지 않는 질문
    - 아이가 아는 것을 테스트하는 질문
    - 아이가 대답하기엔 너무 어려운 질문
    - 아이의 관심사와 전혀 상관없는 질문
    - 너무 뻔해서 대답할 필요가 없는 질문

아침밥을 다 먹은 것이 너무 분명하므로, 소피아는 대답할 필요조차
없습니다.

태릭은 할 말이 많이 있었는데, 아빠가 '네-아니오 질문'으로 물어보는
바람에, 생각했던 것들을 아빠에게 말할 기회가 없습니다.

## 각 단계별로 질문하는 방법이 다릅니다

아이는 어느 의사소통 단계에 있든지 상관없이 선택 질문, 네-아니오 질문, 육하원칙 질문에 대답할 수 있습니다. 단지 아이에게 한 번에 한 가지만 묻고, 대답할 시간을 줘야 한다는 것만 기억하세요.

### 반사적 반응 단계의 아이에게 질문하기

반사적 반응 단계의 아이는 엄마 아빠의 말을 전부 이해하지는 못하지만, 질문할 때 들리는 엄마 아빠의 목소리를 좋아합니다. 특히 엄마 아빠가 활기를 띠고 말할 때 더욱 그렇습니다. 우리 아이에게 질문하기 전에 먼저 아이의 관심이 어디에 있는지 '지켜보고, 기다리고, 들어주기' 하세요. 그 다음에 질문을 하면서 아이의 관심사를 따라가세요. 예를 들어, 아이가 무슨 소리를 듣고 고개를 돌렸다면, "이게 무슨 소리지?" 또는 "로스가 책을 떨어뜨렸나?"라고 물어봅니다. 아이가 침대에 걸려 있는 장난감을 바라보고 있으면, "아기 돼지를 보고 있니?"라고 물어볼 수 있습니다.

질문하면서 과장된 억양으로 크게 말하면 아이의 관심을 끌 수 있습니다. 그런 식으로 질문을 반복하는 것만으로도 아이의 주의를 끌 수 있습니다. 물어보고는 미소와 함께 대답을 기대하는 표정을 짓고 기다리면 아이가 반응할지도 모릅니다. 어쩌면 소리를 내거나, 표정을 바꾸거나, 팔다리를 흔드는 등으로 자기 차례 갖기를 할지도 모릅니다. 반응이 확실하지 않고 애매할 수도 있는데 그래도 아이는 자기 차례 갖기를 한 것 입니다.

선택 질문을 할 수도 있습니다. 두 개의 물체를 아이 앞에 들고 보여주세요. 어느 것을 가질지 물어보고 아이의 반응을 기다리세요. 우리 아이는 자기가 원하는 쪽을 바라보기만 하거나, 그쪽으로 고개를 돌릴 수도 있고, 그쪽을 향해 움직일지도 모릅니다. 두 개의 물체 사이에 적당한 거리가 있어야만 둘 중 어느 쪽이 아이의 관심을 끌었는지 분명히 알 수 있습니다.

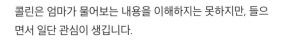

> 소리 때문에 놀랐어? 큰 소리였니?

콜린은 엄마가 물어보는 내용을 이해하지는 못하지만, 들으면서 일단 관심이 생깁니다.

## 관심 표시, 초기 언어, 서툰 문장 단계의 아이에게 질문하기

우리 아이가 관심 표시, 초기 언어, 서툰 문장 단계라면 다음을 염두하고 물어보세요.

- 우리 아이가 이해할 수 있는 질문하기
- 우리 아이가 대답할 수 있는 질문하기 (꼭 말로 대답하지 않아도 됩니다)
- 우리 아이가 말하는 것에 엄마 아빠도 관심이 있다는 것을 보여주는 질문하기

### 관심 표시 단계 아이를 위한 질문

관심 표시 단계에서는 쉬운 질문을 해서 아이가 말을 하지 않고 제스처나 소리로도 대답할 수 있게 해주세요. 제스처(손으로 가리키기 등)나 물건, 실제와 똑같은 그림 등 시각적 도우미를 사용해서 아이가 질문을 이해할 수 있게 도와주세요.

신데렐라 읽을까, 피노키오 읽을까?

**선택 질문:** 선택 질문을 할 때는 실물을 이용하세요. 그런 다음 아이가 원하는 것을 고를 때까지 기다려주세요.

**네-아니오 질문:** 관심 표시 단계의 아이에게 네-아니오 질문은 자기 차례 갖는 데 많은 도움이 됩니다. 왜냐하면 고개를 끄덕이거나 가로 젓기, 또는 소리 내는 것만으로도 대답할 수 있기 때문입니다. 아이가 원하는 것을 묻거나(예: 밖에 나갈래?) 또는 이야기를 하도록 (예: 그래서 고양이가 가버렸니?) 네-아니오 질문을 해보세요. 또한 아이가 말하려는 것이 무엇인지 확실히 알 수 없을 때, 네-아니오 질문으로 확인해볼 수도 있습니다(예: 국에 들어 있는 양파는 빼줄까?).

하니파는 관심 표시 단계입니다. 어느 책을 읽고 싶은지 묻는 아빠의 선택 질문에, 손으로 가리켜서 대답합니다.

네-아니오 질문은 아이에게 자기 차례를 알려주는 큐로도 이용할 수 있습니다. '술래잡기'처럼 아이가 좋아하고 많이 해본 놀이에서 사용하면 좋습니다. 일단 아이를 찾고 일시 정지하세요. 그리고는 아이가 또 하자고 하기를 기대하는 표정을 보이며 기다리세요. 아이가 아무 표현도 하지 않으면 이때가 바로 "엄마가 또 찾으러 갈까?"라고 질문할 때입니다. 엄마의 질문이 무슨 뜻인지 이해할 수 있도록 제스처도 같이 사용하세요. 이제 아이의 차례이니, 아이가 어떤 식으로든 하고 싶다는 표시를 하도록 기다려주세요.

어디 불이 켜졌지?

엄마의 질문에 대한 대답으로 아담은 불을 올려 다봅니다.

**육하원칙 질문:** 말을 안 하고도 대답할 수 있는 육하원칙 질문도 있습니다. 관심 표시 단계라면 '무엇', '어디', '누가' 등을 물어보면 손으로 가리키거나 소리만 내서 대답하기 시작합니다. 예를 들어 "양말이 어디 있지?"라고 물으면, 아이는 양말을 집어 듭니다. 아무리 봐도 양말이 없으면 아마도 "양말이 없어요"라는 제스처를 할 수도 있습니다. '없다'는 뜻으로 두 손을 들고 손바닥을 펼쳐 보이면서요.

아이 주변에서 흔히 볼 수 있는 사물이나 자주 보는 사람, 동화책에서 많이 본 그림들에 대해서 간단한 질문을 해보세요.

"지금 뭐하고 있니?"라든가 "저건 누구야?" 같은 질문은 특정한 단어를 알아야 대답할 수 있습니다. 아직 아이가 말을 하지 않으므로 말을 안 해도 대답할 수 있는 질문을 해주세요. 그렇다고 해서 위와 같은 질문을 아예 하면 안 된다는 말은 아닙니다. 아이가 대답할 수 없는데 '무엇', '누구' 질문을 이미 해버렸다면, 얼른 네-아니오 질문으로 바꿔줄 수도 있고, 아니면 엄마 아빠가 대답까지 해주세요.

### 초기 언어 단계 아이를 위한 질문

초기 언어 단계의 아이에게 질문을 한다는 것은 아이가 이미 말할 수 있는 단어를 사용해볼 기회를 주는 것입니다.

**선택 질문:** 우리 아이가 초기 언어 단계가 되면 시각적 도우미 없이도 선택 질문이 가능합니다. 두 가지의 선택을 모두 말로 할 수 있을 때 말입니다. 만일 아이가 고르고 싶은 것의 이름을 대지 못한다면 고르고 싶은 물건(또는 그림)을 손으로 가리킬 수 있도록 둘 다 확실히 보여주세요.

**네-아니오 질문:** 초기 언어 단계에 있는 아이의 메시지를 여러분이 제대로 이해했는지 확인하고 싶을 때, 네-아니오 질문이 아주 유용합니다. 또한 대화를 지속하려면 교대로 차례 갖기를 해야 하는데, 이 질문은 아이가 "네", 또는 "아니오"로 대답하면서 쉽게 차례 갖기를 할 수 있게 해줍니다.

할미.

응.

《할머니와 나》를 읽고 싶니?

엄마는 스콧이 물어본 것을 자신이 제대로 이해했는지 확인하기 위해 '네-아니오 질문'을 합니다.

하지만 한 대화에서 네-아니오 질문을 너무 많이 하면, 아이가 대답만 하고 자기가 하고 싶은 말은 하지 않을 수 있으니 주의하세요.

신발이 어디 있지?

저기!

엄마는 육하원칙 질문으로 브라이언에게 신발이 어디 있는지 아는지 물어봅니다.

**육하원칙 질문:** '누가', '어디서', '무엇'을 질문하되 아이가 한 단어만으로도 대답할 수 있도록 간단하게 질문하세요. 예를 들어 "새들이 어디로 갔지?"라고 물으면, 아이는 '저기', '하늘', '나무' 등 한 단어만 가지고도 간단히 대답할 수 있습니다. 만일 어딘가에 새가 보이면, 대답 대신에 새를 가리킬 수 있는 것은 물론입니다.

육하원칙 질문에 대답을 못하면, 대신 네-아니오 질문으로 바꿔주세요. 예를 들어, "신발이 어디에 있지?"라고 물었는데 우리 아이가 대답을 못하면 얼른 "신발이 방에 있나?"라고 바꿔서 질문해주세요.

**서툰 문장 단계 아이를 위한 질문**

아이가 서툰 문장 단계에 이르면 눈에 보이지 않는 것에 대해서도 대답을 할 수 있게 됩니다. 뿐만 아니라 이전에 일어난 일(과거)이나 앞으로 일어날 일(미래)에 대한 간단한 질문에도 대답할 수 있습니다.

**선택 질문:** 아이가 이해할 수 있는 말이 점점 더 많아지기 때문에 오른쪽 그림 속 로라와 엄마의 대화처럼 아이에게 제안할 수 있는 선택지도 점점 더 다양해집니다.

놀이터에 갈까, 아이스크림 먹으러 갈까?

아이스크림.

엄마는 눈에 보이지 않는 것들을 말하면서 선택하게 하는데 로라는 질문을 이해하고 대답합니다.

**네-아니오 질문:** 초기 언어 단계의 아이에게 했듯이 서툰 문장 단계의 아이에게도 메시지를 제대로 이해했는지 네-아니오 질문으로 확인할 수 있습니다. 또한 아이의 차례를 좀 더 수월하게 만들어 줄 수 있습니다. 그렇지만 이미 아이가 많은 단어를 사용하고 차례 갖기도 잘한다면 단순히 네-아니오 대답하는 질문만 해서는 아이의 언어발달 수준에 못 미칠 수 있습니다.

**육하원칙 질문:** '누가', '어디서', '무엇' 등의 질문이 가능합니다. 예를 들면 "저 사람이 뭘 하고 있지?" "장갑이 어디 있나?" "누가 치즈를 먹었어?" 등의 질문입니다. 또한 이제부터는 우리 아이의 사고력과 문제해결력을 키워줄 수 있는 질문을 시도해보세요. 예를 들어 "어떻게 된 거니?" "양말 한 짝은 어디에 있을까?" 등의 질문입니다.

### 질문을 코멘트로 바꾸기

부모 중에는 아이가 반응을 보일 때까지 질문을 거듭하는 경우가 많습니다. 만일 여러분이 아이에게 질문을 퍼붓고 있음을 깨달았다면 혼자만 그런 것이 아니니 안심하세요. 의사소통을 힘들어하는 자녀를 둔 부모들은 당연히 그렇게라도 해서 아이에게 반응을 얻어내려고 하기 쉽습니다. 그런데 질문을 너무 많이 하면, 아이는 그냥 반응만 하는 사람이 되고, 좀처럼 상호작용을 먼저 시작하려 들지 않게 됩니다. 또는 아예 대화를 하려 들지 않을 수도 있습니다. 그러므로 질문하는 횟수를 줄이고, 질문으로 하던 것을 코멘트나 서술문으로 바꿔보세요.

질문 대신 ▶ 다음과 같은 코멘트를 하기

| | | |
|---|---|---|
| 저게 뭐야? 새인가? | ▶ | 저기 새 좀 봐! (말한 다음 기다리기) |
| 큰 트럭이야, 그렇지? | ▶ | 우와! 큰 트럭이다. (말한 다음 기다리기) |
| 주스 맛있었어? | ▶ | 음~ 맛있는 주스네. (말한 다음 기다리기) |

질문과 코멘트의 균형을 맞추세요. 질문 하나를 할 때마다 적어도 두 개의 코멘트를 하는 것이 일반적인 원칙입니다.

### 코멘트에 연결해서 질문하기

코멘트에 어떻게 반응을 해야 할지 아이들이 알게 되려면 시간이 좀 걸립니다. 만일 우리 아이가 코멘트에 반응하지 않는다면, 코멘트 다음에 바로 질문을 연결해보세요. 예를 들면 아기가 젖병으로 우유를 먹는 것을 아이가 봤습니다. 아이가 "아기 먹어"라고 말하면, 엄마가 이렇게 말해주세요. "아기가 먹고 있구나. 아기가 뭐 먹지?" 그러면 이제 우리 아이 차례가 되었고, 아이는 "우유"라고 말할 것입니다.

엄마는 브랜던과 대화할 때 질문보다는 코멘트를 많이 하려고 신경 씁니다.

교대로 자기 차례를 갖는 것은 하루아침에 되는 일이 아니라 서서히 발전합니다. 중요한 것은, 아이도 부모도 즐거워야 한다는 것입니다.

# Chapter 5

# 일상생활 속에서도
# 상호작용은 계속됩니다

**평** 상시에 아이와 함께하는 일들을 전부 생각해보세요. 일어나서, 옷을 입고, 아침을 먹은 다음, 출근길에 아이를 유치원이나 어린이집에 데려다줍니다. 장보는 데 데려가기도 하고, 놀이터에도 나갑니다. 물론 그 사이에 식사와 간식을 먹고, 기저귀를 갈거나 화장실에 데려가고, 목욕도 시키고, 그런 것들을 다 하고 나면 마침내 잘 시간이 됩니다. 매일 부르는 노래도 있고, 늘 하는 놀이도 있습니다. 이런 식으로 매일매일 거의 똑같이 일어나는 활동을 **루틴**(반복되는 일상생활)이라고 부릅니다. 이 장에서는 아이와 대화하거나 교대로 차례 갖기를 가르쳐주려고 할 때 루틴을 이용하면 부담스럽지 않고 편하게 시작할 수 있을뿐더러 재미있다는 것을 배웁니다.

## 루틴이란 무엇일까요?

모든 루틴은 다음의 네 가지 공통점이 있습니다.

- **특정한 단계**가 있다.
- 각 단계는 **같은 순서**로 나온다.
- 여러 번 **반복**된다.
- 루틴 속에 참여하는 사람들은 각자 **정해진 역할**이 있다.

**특정한 단계:** 루틴은 언제나 정해진 몇 가지 단계가 있습니다. 예를 들어 우리 아이의 '잠자리 들기 루틴'에는 다음과 같은 단계가 있습니다. 잠옷 입기, 양치하기, 침대에 눕기, 책 읽어주기, 인사하기, 불 끄기.

**같은 순서:** 루틴은 매번 똑같이 시작하고 똑같이 끝나는데, 시작부터 끝까지 각 단계를 항상 똑같은 순서로 반복할 뿐 아니라, 각 단계에서 사용하는 단어, 소리, 제스처도 보통은 늘 똑같습니다. 루틴에서는 각 단계를 늘 같은 순서로 하기 때문에 얼마 지나지 않아 우리 아이는 다음에 뭘 할지 예상할 수 있게 됩니다.

**반복:** 루틴을 계속 반복하기 때문에 아이는 루틴의 모든 단계와 단어, 소리, 제스처에 점점 익숙해집니다. 일단 우리 아이가 루틴에 익숙해지면, 엄마 아빠가 하나하나 다 해주지 않아도 되므로 아이가 부모에게 의존하는 정도가 줄어듭니다. 그렇게 되면 아이는 루틴 속에서 자기 차례를 더 많이 갖게 되고, 자기 차례가 언제이고 무엇을 해야 하는지 정확히 알게 됩니다.

**정해진 역할:** 루틴에 참여하는 사람들마다 각자의 역할이 있고, 역할마다 정해진 행동이 있습니다. 아이가 처음에는 자기가 무슨 역할을 해야 하는지 모르지만, 엄마 아빠가 도와주면 방법을 배우기 시작해서 점점 여러분이 하던 역할까지도 충분히 할 수 있게 됩니다. 그렇게 되면 이젠 아이가 루틴을 시작하고, 아이와 엄마 아빠의 역할이 바뀝니다. (역할 바꾸기는 주로 피플게임에 적용되는데, 다음 페이지에 나옵니다.)

# 이미 많은 루틴이 아이의 하루에 있습니다

여러분과 아이는 매일 여러 가지 루틴을 함께 공유합니다. 어떤 루틴은 모든 집에서 보편적으로 하는 일상적인 것이기도 하고, 어떤 것들은 우리 집에서만 하는 특별한 것들입니다. 대부분의 루틴은 기저귀 갈기, 잠자리에 들기 등 일상에서 늘 반복되는 것들입니다. 어떤 것들은 두 사람이 같이하는 활동으로 노래 부르기, 아이와 함께 놀기 등 두 사람 이상이 필요하기 때문에 피플게임(함께하는 놀이)이라고 부릅니다.

## 피플게임

피플게임은 장난감 없이 엄마 아빠가 아이가 함께 노는 '놀이 루틴'을 말합니다. 피플게임을 할 때 아이가 가장 좋아하는 장난감은 바로 당신입니다!

　많이 알려진 피플게임 몇 가지를 아래에 소개합니다. 게임에는 두 명 이상이 필요하고 부모와 아이, 각각 간단한 역할을 하나씩 맡게 됩니다. 이 장의 후반부에는 게임을 하면서 아이가 자기 차례 갖기를 해볼 수 있는 기회를 만드는 방법들이 나옵니다. 이런 식으로 우리 아이가 재미있게 놀면서 자기 차례 갖기를 배우도록 이끌어줍니다.

### 까꿍놀이

아이들은 엄마 아빠가 사라졌다가 다시 나타나면 깜짝 놀라면서 좋아합니다.
- 아이와 마주 보고 앉아 작은 담요나 수건을 들고, "까꿍놀이하자"고 말하세요.
- 담요나 수건을 얼굴에 덮고, "엄마 어디 있게?" "아빠 어디 있게?" 반복해서 질문하면서 아이의 주의를 끄세요.
- 그런 다음, 얼굴에 덮었던 담요를 치우면서 아이의 눈을 보고 "까꿍" 합니다. "까꿍" 대신 다른 쉬운 말을 사용해도 좋습니다. 단지 루틴이 되기 위해서 매번 같은 단어를 사용해야 한다는 것만 잊지 마세요.

아이가 게임에 점점 익숙해지면 게임에 변화를 주어 물건 뒤나 모서리에 숨어보세요. 아이가 엄마 아빠를 보면, "까꿍" 하면서 모습을 보였다가, 또 2, 3초쯤 숨었다가 같은 식으로 "까꿍" 하고 나옵니다.

### 숨바꼭질

숨바꼭질을 가르쳐줄 때 처음에는 이불 속이나 소파 뒤 등 아이가 숨을 자리를 먼저 찾아주세요. 아이의 눈에 보이지는 않지만 숨은 곳에서 몇 발자국 떨어지지 않은 곳을 "○○(아이 이름)가 어디 숨었지?"라고 말하면서 걸어 다니다가, "하나, 둘, 셋! 찾았다!" 하면서 아이를 찾아주세요. 처음에는 여기 저기 다른 장소를 살펴보는 척합니다. 매번 "○○(아이 이름)가 여기 있나?" 하고는, "여기는 없네"라거나 "소파 뒤에는 없네"라고 말해줘서, 엄마 아빠가 찾고 있는 중이라는 것을 아이가 알게 해주세요. 아이를 찾으면, "찾았다!" 라고 하면서 안아주고 게임을 끝냅니다.

우리 아이가 까꿍놀이나 숨바꼭질을 처음 배울 때는 게임을 빨리빨리 진행해야 합니다. 숨어 있는 시간이 길어지고 게임이 늘어지면 아이가 흥미를 잃을 수 있습니다. 아이가 게임에 익숙해진 다음에는 숨어 있는 시간이 좀 더 길어져도 괜찮습니다.

### 무릎 위에서 튕기기 놀이와 말타기 놀이

아이는 엄마 아빠 무릎에서 아이를 통통 튕겨주는 놀이를 좋아합니다.

- 아이를 무릎에 앉히고 마주 봅니다.
- 아이의 손을 잡고 (혼자 앉기 힘든 아이는 허리를 감싸 안고) 무릎으로 통통 튕겨 줍니다. 아이가 좋아하는 속도에 따라 빨리 하거나 천천히 튕깁니다. 다음과 같은 말을 마치 노래하듯 해주세요.

  옆에, 옆에, 옆에 ○○(아이 이름)
  옆에, 옆에, 옆에 ○○
  위로 아래로, 위로 아래로
  위로 아래로, 위로 아래로

좀 더 크면 말타기 놀이를 할 수 있습니다. 아이를 엄마 아빠 등에 엎드리게 하거나, 어깨에 올리고 말을 탄 것처럼 놀아주세요.

### 간지럼 태우기

- 아이와 마주 보세요. 이 놀이를 할 때 아이는 보통 드러눕지만 피플게임을 제대로 하기 위해서는 마주 보는 것이 좋습니다.
- 아이 바로 앞에서 간지럼 태우는 모양새를 취합니다.
- 활기차고 신나는 목소리로 "간지럼 태운다"고 말합니다.
- "간질간질"이라고 말하면서 장난스럽게 아이를 간지릅니다.

### 잡기놀이

엄마 아빠가 아이를 쫓아가 잡는 놀이입니다.

- 자세 잡기: 걸을 수 있는 아이라면 아이에게 손이 닿지 않을 정도의 거리에 쪼그려 앉아서 시작합니다. 앉거나 기는 아이라면 무릎으로 앉아 눈높이를 맞춥니다.
- 팔을 어깨 높이로 들고, 손바닥을 아이 쪽으로 향해서 마치 움켜잡을 것 같은 모양으로 손가락을 구부립니다. 그런 다음 "잡으러 간다" 또는 "간다"고 말합니다.
- 아이가 앉거나 기면 아이 쪽으로 천천히 기어가면서 "잡으러 간다"고 말합니다. 아이가 주저앉으면, 양팔로 아이를 껴안으면서 살짝 간지럼을 태웁니다. 걸을 수 있는 아이라면 장난스럽게 아이를 쫓아가서 양팔로 안습니다.
- 아이를 잡는 즉시 "잡았다"고 말합니다.

### 피플게임의 클라이맥스

피플게임은 클라이맥스가 있기 때문에 더 재미있습니다. 클라이맥스는 보통 게임이 끝나는 순간에 옵니다. 예를 들면 엄마가 "잡았다!" 하는 순간이 잡기놀이의 클라이맥스입니다. 이 순간이 중요한 이유는 바로 아이가 자기 차례 갖기를 하고 싶게끔 만들어주기 때문입니다. 클라이맥스는 아주 강력해서 아이들 중에는 첫 말을 이때 배우기도 합니다.

### 노래와 라임

동요나 라임은 아이가 일상생활에서 자기 차례 갖기를 배울 수 있는 또 다른 방법입니다. 〈우리 모두 다 같이 손뼉을〉이나 〈거미가 줄을 타고〉 등의 노래는 가사를 따라 몸이나 손가락을 움직이는 동작을 함께할 수 있습니다. 이와 같이 동작이 들어 있는 노래나 라임은 아이가 재미있게 할 수 있을 뿐 아니라 아이에게 훌륭한 배움의 기회가 될 수 있습니다. 아이가 가사와 음을 여러 차례 듣고 율동을 보다 보면, 언제 어느 가사에 어떤 음과 제스처가 나올지 예상할 수 있게 되고, 때가 되면 혼자서도 할 수 있는 날이 옵니다. (노래와 라임에 대해서 좀 더 알고 싶으면 9장을 보세요.)

### 우리만의 루틴을 만들어보세요

엄마 아빠와 아이만의 루틴을 만들 수도 있습니다. 그러기 위해서는 우선 우리 아이가 어떤 활동을 좋아하는지 '지켜보고, 기다리고, 들어주기'를 하면서 잘 살펴봐야 합니다. 아이가 좋아하는 순간 중에서 교대로 차례 갖기가 가능할 만한 것을 찾아 보세요. 그런 다음에 반복하면서 익숙한 루틴으로 만들어보세요. 루틴으로 만들 만한 활동들이 아래에 예시로 나옵니다.

**바람 불기 루틴:** 조던은 반사적 반응 단계의 아이라서 몸을 약간 움직이거나 얼굴 표정을 살짝 바꾸는 정도가 조던이 보일 수 있는 반응의 전부입니다. 어느 날 엄마는 조던의 볼에 "후~" 하고 바람을 살짝 불어줬더니 조던이 웃는 것을 발견했습니다. 그래서 이것을 조던과 엄마, 두 사람이 같이하는 루틴으로 만들었습니다.

바람을 '후' 불어주면 조던은 늘 웃습니다.

**괴물 소리 루틴:** 관심 표시 단계의 소피아는 《괴물들이 사는 나라》라는 책을 좋아합니다. 각 장마다 괴물 그림이 나오는데, 그때마다 아빠가 괴물 소리를 내고, 소피아는 재미있어서 웃습니다. 이 순간이 바로 책을 읽는 클라이맥스가 됩니다.

**우편물 확인하기 루틴:** 로버트는 관심 표시 단계입니다. 아빠가 지켜보니 로버트가 우편함을 열고 안에 편지가 있는지 확인하기를 좋아한다는 것을 알게 됐습니다. 뿐만 아니라 로버트는 우편함을 열 때 나는 덜컹 소리를 좋아합니다. 이제 아빠는 매일 집에 오면 로버트와 함께 우편함을 열어 편지가 있나 봅니다.

## 아이는 어떻게 루틴을 통해 자기 차례 갖기를 배울까요?

루틴 속에서 교대로 차례 갖기를 할 수 있게 되려면 그 전에 똑같은 루틴을 수없이 보고 들어야 합니다. 그래야 루틴에 나오는 단계들을 알게 되고, 각 단계에서 어떤 소리와 말과 동작을 하는지 알게 됩니다. 우리 아이가 루틴에 익숙해질 때까지는 한 단계 한 단계 차근차근 알려줘야 합니다.

루틴에 익숙해져감에 따라 아이는 자기 차례를 가지면서 참여합니다. 우리 아이가 가장 쉽게 할 만한 자기 차례는 엄마 아빠가 루틴을 막 끝냈을 때 더 해달라고 하는 것입니다. 어쩌면 아이는 클라이맥스를 요구할 지도 모릅니다(클라이맥스가 궁금하면 71쪽 아래를 보세요). 또는 루틴을 하던 중에 엄마 아빠가 멈추고 아이에게 차례 갖기를 할 기회를 주면, 다음에 나올 동작이나 소리, 말을 할지도 모릅니다. 아직까지는 엄마 아빠의 도움이 많이 필요합니다. 계속하다 보면 아이가 자기 차례를 점점 더 많이 하면서 엄마 아빠의 역할이 줄어들 것입니다.

일단 제이미가 까꿍놀이에 익숙해지고 난 다음, 엄마가 늘 하던 루틴대로 준비하고 그냥 기다리고 있으면, 제이미가 차례 갖기를 합니다.

그러면 까꿍놀이에서 제이미가 가장 좋아하는 부분이 펼쳐집니다.

좀 더 지나면 아이는 자기 차례 갖기를 매우 잘하게 됩니다. 어쩌면 루틴을 시작하고 엄마 역할까지 해버릴 수도 있습니다. 예를 들면 보통은 엄마가 먼저 담요를 뒤집어쓰고 까꿍놀이를 시작했는데 까꿍놀이를 하자는 뜻으로 엄마 머리에 담요를 씌우거나, 심지어 자기가 담요를 뒤집어쓸 수도 있습니다. 이런 방식으로 상호작용을 이끌어 가는 것이야 말로 대화를 배우는 아주 중요한 단계입니다.

까꿍놀이를 수십 번 했더니 이제 제이미는 혼자 시작하기도 하고, 까꿍놀이를 하자고 엄마에게 담요를 덮어주기도합니다.

때가 되면 제이미는 엄마가 하던 역할을 알게 됩니다. 이제 자기가 담요를 뒤집어쓰고 기다립니다. 엄마가 "제이미가 어디 갔지?"라고 하자 담요를 들어 올리고 "까꿍!" 합니다.

## 루틴을 사용해서 상호작용을 촉진하는 SPARK 전략

아이가 좋아하는 루틴 중에 반복하기 쉬운 것을 하나 선택하세요. 피플게임이나 노래, 라임이어도 좋고, 또는 엄마 아빠가 루틴을 만들어도 좋습니다. 일단 아이가 루틴에 익숙해지고 나면 그것을 활용해서 상호작용을 촉진(SPARK)할 수 있습니다.

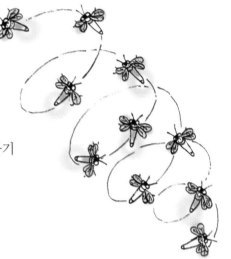

**S**tart 매번 똑같이 시작하기

    **P**lan 아이 차례를 계획하기

        **A**djust 아이가 차례를 가질 수 있도록 루틴을 조정하기

            **R**epeat 매번 같은 동작, 말, 소리를 반복하기

                **K**eep 매번 똑같이 끝내기

### S! 매번 똑같이 시작하기

루틴에 제목이나 이름을 붙여서 놀 때마다 그 이름을 사용하세요. 피플게임이라면 아이에게 게임 이름을 말하면서 시작합니다. 예를 들면 "우리 〈거미가 줄을 타고〉 하자"라고 말입니다. 놀이의 이름을 말하면서, 시각적 도우미(제스처나 사물)를 활용해보세요. 예를 들어 "까꿍놀이할까?" 하면서 담요를 들거나 눈을 가리는 식으로 말입니다. 매번 시작할 때마다 루틴의 이름과 시각적 도우미를 함께 사용하세요.

'원숭이가 침대에서 팔짝팔짝' 놀이 할까?

몇 번 하고 나면 아이는 이름을 듣거나 시각적 도우미를 보기만 해도 어떤 루틴을 하려는 것인지 알아차리게 됩니다. 어쩌면 루틴을 하자고 루틴의 이름을 말하거나 늘 활용하던 시각적 도우미를 가지고 오기도 할 것입니다. 우리 아이가 아직 무엇을 하며 놀자고 요구할 정도의 단계가 아니라면 아이가 좋아하는 게임 두 가지 중에서 하나를 선택하게 하는 방법도 있습니다. 예를 들어 "〈우리 모두 다 함께 손뼉을〉 (손뼉 치는 동작을 하면서), 아니면 〈반짝반짝 작은 별〉 할까? (별이 반짝반짝하는 손동작을 하면서)"

브라이언에게 '원숭이가 침대에서 팔짝팔짝 놀이'를 하겠는지 물어보는 것으로 루틴을 시작합니다. 엄마가 팔짝팔짝 뛰면서 시각적으로도 보여줍니다.

## P! 아이 차례를 계획하기

**아이가 '언제' 차례 갖기를 할지 계획하기**

아이가 이제 막 차례 갖기를 시작했다면 아이가 차례를 더 많이 가질 수 있도록 다음과 같이 루틴을 설정해볼 수 있습니다.

- 루틴을 막 끝내고 다시 **시작하기 직전**
- **클라이맥스 바로 직전**(71쪽을 보세요)
- 루틴을 하던 중간에 엄마 아빠가 **잠깐 멈췄을 때**

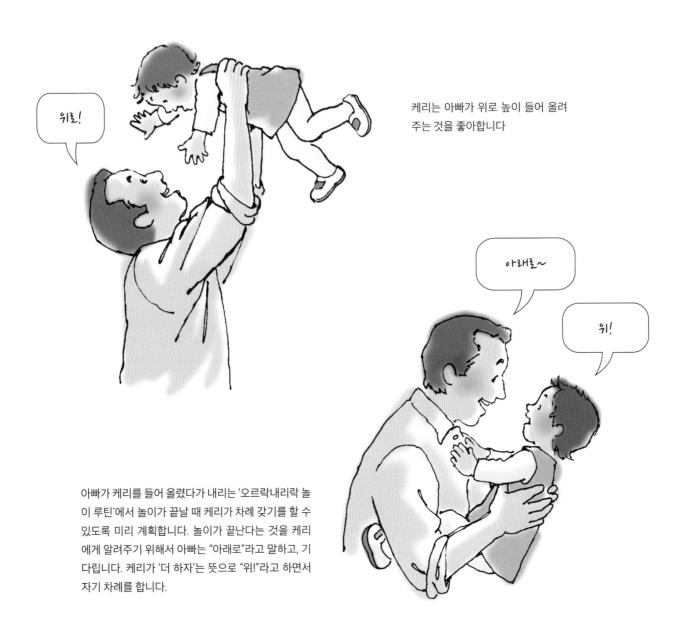

위로!

케리는 아빠가 위로 높이 들어 올려 주는 것을 좋아합니다

아래로~

위!

아빠가 케리를 들어 올렸다가 내리는 '오르락내리락 놀이 루틴'에서 놀이가 끝날 때 케리가 차례 갖기를 할 수 있도록 미리 계획합니다. 놀이가 끝난다는 것을 케리에게 알려주기 위해서 아빠는 "아래로"라고 말하고, 기다립니다. 케리가 '더 하자'는 뜻으로 "위!"라고 하면서 자기 차례를 합니다.

**아이가 '어떻게' 차례를 갖게 할지 계획하기**

우리 아이가 자기 차례를 가질 때 어떤 말이나 행동을 할지는 아이의 상황과 의사소통 단계에 따라 다릅니다. 다음은 네 가지 발달 단계에 맞춰 아이가 할 수 있는 차례 갖기 방법들입니다.

**반사적 반응 단계:** 보통 반사적 반응 단계의 아이는 루틴을 계속 하자고 요청하지 않습니다. 그렇지만 조금이라도 좋아하는 표시를 보이거나 (가령 호흡이 빨라지거나 발을 차는 등의 행동) 또는 아주 미세한 반응이라도 보이면 그것을 '더 하자'는 요청으로 받아들여주세요.

**관심 표시 단계:** 관심 표시 단계의 아이는 자기 차례를 말로 하지 않습니다. 손을 뻗거나 가리키고, 소리를 내거나 몸을 움직입니다. 루틴에서 나오는 물체를 바라본 (예를 들면, 비눗방울 병) 다음에 엄마 아빠를 돌아보는 식입니다. 까꿍놀이 루틴을 할 때, "까!"라고 놀이에 나오는 말을 하기도 합니다.

**초기 언어 단계:** 초기 언어 단계의 아이는 루틴의 일부에서 사용하는 특정한 단어나 신호를 쓰거나 그림을 가리키면서 자기 차례를 합니다.

**서툰 문장 단계:** 서툰 문장 단계의 아이는 루틴에서 나오는 두세 단어를 연결해서 쓸 수 있습니다. 예를 들면 '거미가 줄을 타고 올라갑니다'에서 배워서 "올라갑니다" 또는 "엄마가 올라갑니다"라고 활용하기도 합니다. 또한 루틴이 끝날 때 '계속 하자'는 뜻으로 "더"라는 단어를 쓰다가, 다른 단어에 붙여서도 쓸 수 있게 됩니다. (예: "풍선, 더")

저어요.

그렇지, 주스를 저어요.

그레이엄은 초기 언어 단계이기 때문에 엄마는 '주스 만들기 루틴'을 하면서 그레이엄이 다음으로 해야 할 것을 말하기를 기대합니다.

### A! 아이가 차례를 가질 수 있도록 루틴을 조정하기

언제 차례 갖기를 하고, 그때 무슨 말이나 행동을 하면 될지 아이가 알 수 있도록 큐를 사용합니다. 아이에게 큐를 주는 가장 쉬운 두 가지 방법은 '일시정지'와 '변화주기'입니다. 루틴이 막 끝났을 때, 단어로 된 큐를 사용해 아이가 루틴을 더 하고 싶다는 말을 하게 할 수 있습니다.

- **루틴을 '일시정지' 하기**: 루틴을 '일시정지' 한다는 것은 루틴의 중간에 멈추고 아이에게 차례 갖기를 할 기회를 준다는 뜻입니다. 의사소통 단계에 따라서 아이는 엄마 아빠가 하지 않고 멈춰 있는 말이나 동작을 하기도 하고, 루틴을 계속 하라고 엄마 아빠에게 요청할 수 있습니다. 만일 클라이맥스가 있는 루틴일 경우, 클라이맥스 바로 앞이 '일시정지'할 최적의 순간입니다.

엄마는 빅토리아를 간질이기 바로 직전에 일시정지를 해서 이제 빅토리아의 차례라는 것을 알려줍니다. 빅토리아가 발을 차면서 소리를 내자, "계속해주세요"라고 말한 것인 양 받아줍니다.

매일 아침마다 엄마는 "소피아 양말 신어요"라고 말하며 양말을 신겨줬는데, 오늘은 엄마가 '일시정지' 하고 소피아가 "신어요"라고 말할 기회를 줍니다. 똑같은 말을 매일매일 들었기 때문에 소피아는 말을 채워 넣을 수 있습니다.

- **루틴에 변화주기:** 루틴에 변화를 주면 무엇인가 다르거나 빠졌는지, 무엇이 새롭거나 잘못됐는지 아이가 말해볼 기회가 생깁니다.

- **아이 차례라고 알려주는 큐 주기:** 루틴을 '일시 정지' 했는데 아이가 자기 차례를 하지 않으면 큐를 주세요. 간지럼 태우기 놀이 중이라면 "더 해줄까?"라고 물어보거나 대답을 할 수 있는 아이라면 "뭐 해줄까?"라고 물어봅니다. 큐를 줄 때는 매번 똑같은 말을 사용하고, 반응을 보이는 즉시 루틴을 다시 시작합니다.

차!

네 트럭이 우편함에 들어 있구나!

4장에 나오는 '큐 신호로 자기 차례를 갖게 하세요'를 다시 한 번 보세요. 큐를 주고 기다리는데도 아이가 차례를 하지 않을 때는 아이 대신 엄마 아빠가 해주세요. 여러분이 생각하기에 아이가 했을 만한 말이나 행동을 하고 아이 차례를 대신 해주는 것입니다. 그런 다음 루틴을 계속하세요. 이렇게 할 때마다 아이는 엄마 아빠가 하는 것을 보고 배웁니다.

로버트와 아빠는 매일 우편함을 열어봅니다. 아빠가 루틴에 살짝 변화를 줘서 로버트의 트럭을 우편함에 넣어 놓았더니, 로버트는 우편함에 뭐가 들어 있었는지 아빠에게 말해 주기 위해 차례를 갖습니다.

### R! 매번 같은 동작, 말, 소리를 반복하기

루틴을 마치 일련의 단계라고 생각하고 매번 같은 순서로 하세요. 그렇게 하면 아이가 루틴을 훨씬 쉽게 배우고, 다음 단계에 뭐가 나오는지 알게 됩니다. 단계를 따라갈 때, 언제나 같은 말과 소리, 제스처를 사용하세요. 예를 들어 까꿍놀이를 한다면, 담요를 들추면서 뭐라고 말할지 결정하고, 늘 똑같이 말로 하세요. 만약 "까꿍"이라고 했다가 "여깄네"라고 하는 등 루틴이 달라지면 아이가 루틴이나 루틴에 따라 나오는 말을 배우기 힘들어집니다.

### K! 매번 똑같이 끝내기

아이는 루틴이 언제 끝나는지도 알아야 합니다. 끝날 때마다 매번 똑같이 끝내세요. '잠자리 들기' 루틴이라면, 불을 끄고 "잘 자"라고 말하면 끝난 것입니다. '차 타기 루틴'이라면, 안전벨트를 채우면서 "찰깍"이라고 말하면 끝난 것입니다. 그네 타기와 같이 끝나는 지점이 분명하지 않은 루틴이라면, "그네 타기는 이제 그만, 끝!"이라고 말하는 것으로 끝낼 수 있습니다.

### 아이의 관심사가 무엇이 되든지 따라가세요!

아이가 루틴을 따르지 않는 날도 있습니다. 그래도 걱정 마세요. 아이가 루틴을 하다가 다른 것에 관심을 보인다면 루틴을 멈추고 아이의 관심사를 따라가주세요.

거미가 줄을 타고 올라갑니다.
오! 멍멍이가 왔네!

# Chapter 6

# 이제 상호작용을
# 말로 표현해봐요

이 미 여러분은 아이의 관심사를 따라가는 과정 속에서 언어를 자연스럽게 더해주고 있습니다. 이 장에서는 언어를 덧붙이는 방법을 더 자세히 배울 것입니다. 그리고 이것은 우리 아이가 자신의 세상을 좀 더 잘 이해하고 자신의 생각을 좀 더 잘 표현할 수 있도록 도울 것입니다. 또한 의사소통의 목표를 설정하는 방법도 이 장에서 배웁니다.

## 경험이 먼저입니다. 그 다음에 이해, 말은 맨 마지막에 옵니다

부모들은 아이가 처음으로 말하는 날을 고대합니다. 하지만 그날이 오기 전까지 중요한 단계들을 거쳐야 합니다. 우리 아이의 최초의 학습은 아이 자신의 경험을 통해서 이루어집니다. 아이가 보고, 듣고, 만지고, 맛보고, 냄새 맡는 일상적인 경험을 하는 동안, 아이는 엄마 아빠가 말하는 것을 듣습니다. 여러분이 같은 말을 또 하고 또 하는 것을 들으면서 그것이 무엇을 뜻하는지를 알아차리기 시작합니다. 얼마 지나지 않아, "코가 어디 있지?"라고 아이에게 물었을 때 아이는 자신의 코를 짚을 줄 알게 되고, "그 책 아빠에게 주렴" 같은 간단한 지시를 따르게 됩니다. 이제 아이가 **말을 이해하기 시작한 것**입니다. 아이가 비로소 언어라는 문의 빗장을 열은 것입니다!

일단 아이가 이해하는 단어들이 많아지면 그중 몇 개를 말하기 시작합니다. 듣고 바로 따라 하기도 하고, 또는 혼자 알아서 쓰기도 할 것입니다. 발음이 정확하지 못해 "비켜줘"를 "이켜져"라고 하거나 "바나나"를 "나나", "코"를 "거"라고 말할지 모릅니다. 아니면 원래 발음과 전혀 다르게 말할지도 모릅니다. 예를 들면, "소파"를 "바바"라고 하거나, "노래"를 "어가"라고 할 수도 있습니다. 그렇더라도 아이가 무엇을 말하고 있는 것인지 엄마 아빠는 압니다. 왜냐하면 아이가 매번 똑같이 말하기 때문입니다.

말하기를 배우는 데는 시간이 걸립니다. 아이가 말을 하지 않으면 엄마 아빠도 힘들고 낙심됩니다. 조금만 참아주세요. 어쩌면 우리 아이는 같은 단어를 아주 아주 많이 들어야 말을 시작하는 아이일지도 모릅니다. 우리 아이가 말을 하려는 시도조차 안 한다면, 아직 준비가 안 되어서 일지도 모릅니다. 비록 말을 한 마디도 하지 않고 있더라도, 아이는 엄마 아빠가 하는 말이 무슨 뜻인지 알아가고 있는 중이며, 이는 언어를 사용하게 되는 과정에서 아주 중요한 단계를 거치고 있는 중인 것입니다.

### 신호나 그림은 말 배우기의 훌륭한 도우미입니다

언어치료 전문가들이 말 배우기 방법으로 권하는 것 중 하나가 신호나 그림을 사용하는 것입니다. 아이가 말하기를 힘들어한다면 신호를 사용하거나 그림을 가리키도록 아이에게 가르쳐주세요. 신호나 그림을 사용하면 오히려 말을 배우는 데 방해가 될까 걱정하는 부모도 있지만 사실 이 방법은 단어를 알고 이해하는 데 큰 도움이 됩니다. 신호나 그림을 이용해서 자기 자신을 표현하게 해주면 오히려 소통이 되지 않아 생기는 좌절감을 덜 수 있습니다. 다시 말해서 신호나 그림은 언어로 가는 징검다리가 될 수 있습니다.

여러분이 신호를 하거나 그림을 가리키는 걸 우리 아이가 많이 볼수록 그 신호와 그림이 뜻하는 것이 무엇인지 아이가 연관 짓기 점점 쉬워집니다. 그리고 엄마 아빠가 사용하는 것을 여러 번 보면서 아이도 스스로 해볼 준비를 할 수 있습니다. 아이가 초기에 언어를 매우 단순하게 사용하듯이, 그림과 신호도 보통 사용하는 것보다 훨씬 단순하게 만들어야 아이가 쉽게 따라 할 수 있습니다.

# 하루 종일 말로 표현해보세요

사람은 당연히 하루 종일 말을 하며 지냅니다. 아이에게 말을 가르치려고 따로 시간을
할애하기보다 아이와 함께 보내고 있는 모든 시간을 활용해보세요. 일상생활이나 활동
속에 말 배우기를 끼워놓고, 아이와 함께 보내는 모든 시간을 의사소통을 위한 시간으
로 만들어보세요.

**루틴 중에 말로 표현해주기:** 로버트가 그네를 탈 때
마다 아빠는 밀어주기 직전에 "꽉 잡아! 하나, 둘, 셋!"
이라고 말로 표현해줍니다.

**일상생활에서 말로 표현해주기:** 로라와 엄마는 매일 꽃밭에 물을
줍니다. 로라가 "없어"라고 말하자, 엄마는 로라가 바로 지금 제일
관심 있는 일, 물통이 비었다는 사실을 말로 표현해주면서 반응을
보여줍니다.

**상황이 생겼을 때 말로 표현해주기:** 주스
를 쏟았을 때 엄마는 제이미에게 말로 상
황을 설명해줍니다.

## 아이가 자신을 둘러싼 세상을 이해할 수 있도록 말로 표현해주세요

아이들은 세상에 대해서 배울 것이 많으며, 많은 경우 언어를 통해서 배웁니다. 아이들은 우선 단어의 의미를 이해해야 합니다. 단어의 의미를 안다는 것은 한 단어가 꼭 한 가지 물체만 뜻하지 않는다는 것을 아는 것도 포함합니다. 예를 들어 '병'이라 불리는 그릇은 크고 작은 여러 모양이 있습니다. 뿐만 아니라 어른은 당연하게 받아들이는 것, 예를 들어 곧 일어날 법한 일을 예측하고, 어떤 사람은 왜 어떤 행동을 하는지 이해하고, 물건을 보고 어떤 때는 같다고 하고, 어떤 때는 다르다고 하는지 등 우리 아이들에게는 모든 것이 당연하지 않습니다. 모두 배워야 하는 것들이지요.

아이가 관심 표시 단계의 이해 수준이 되면 여러분과 상호작용을 하고, 무엇을 할 때마다 여러분이 말하는 것을 들으면서 세상을 배웁니다. 말로 표현할 때마다 아이에게 단순히 새로운 단어를 알려주고 있다고 생각할지 모르겠지만 그것이 전부가 아닙니다. 아이에게 새로운 사고를 안내하고 있는 것입니다. 엄마 아빠의 말이 무슨 뜻인지 우리 아이가 다 이해하지 못하겠지만 그래도 괜찮습니다. 엄마 아빠가 도와주고 자꾸 반복하면 언젠가 우리 아이는 말을 이해하게 되고, 때가 되면 혼자서 말을 사용하게 될 테니까요.

11~13쪽의 체크리스트를 다시 참고하세요. 우리 아이의 언어 이해 단계와 언어 표현 단계가 같나요? 만일 이해 수준이 좀 더 높다면, 위에서 말한 것들을 기억하고 말로 표현해주면서 아이의 의사소통의 이해와 표현 둘 다 발전할 수 있도록 도와주세요.

**관심 표시 단계 또는 초기 언어 단계의 이해:** 관심 표시 단계나 초기 언어 단계에서 말로 표현해주기는 주로 현재 일어나고 있는 일에 대해 설명해주는 경우입니다. 개가 "멍멍" 짖고, 아이들이 밖에서 놀고 있고, 불을 켜고 끄는 등 아이가 보고 듣는 모든 것들에 대해서 이야기하세요.

그런데 이 단계에는 현재가 아닌 일에 대해서도 아이에게 이야기해줄 필요가 있습니다. 아이에게 익숙한 일 중에 잠시 뒤에 생길 일을 아주 짧고 정확하게 말해주기 시작하세요. 예를 들면 목욕시키려고 옷을 벗기면서, "이제 곧 목욕할 거야"라고 말입니다.

비행기가 하늘 높이 날아가네.

아빠는 로보트에게 비행기에 대해 알려주고 있습니다.

또한 방금 일어난 일을 말해줄 수도 있습니다. 예를 들어 할머니가 집으로 돌아가고 몇 분쯤 지나서, "할머니가 가셨어. 집에 가셨어"라고 말해줍니다. 또한 어떤 일이 왜 일어나는지 간단히 설명해주기 시작해보세요. 예를 들면 "그 티셔츠는 못 입어. 왜냐하면 작아졌어."

자주 반복해서 말해주고, 말을 할 때 제스처나 얼굴 표정을 곁들여 아이가 이해하기 쉽게 도와주세요. 이런 식으로 아이는 자신의 세계에서 무슨 일이 일어나는지 이해하기 위해 필요한 언어를 접하기 시작합니다. 어쩌면 아이는 엄마 아빠가 얘기하는 것을 전부 이해하지는 못할지 모릅니다. 그러나 아이가 이해하는 단어는 점차 늘어갈 것이고, 아이가 이해하는 세계 또한 점점 넓어질 것입니다.

**서툰 문장 단계의 이해:** 우리 아이가 과거와 미래를 이해하기 시작하면 "내일 케이티의 생일 파티에 갈 거야"라든가 "우리 공원에서 제시를 만났지" 같은 문장을 이해하기 시작합니다. 좀 더 복잡한 생각을 이해하도록 말로 표현하다 보면 문장도 길어집니다. 이 단계에서는 **감정**(밖에 나갈 수 없어서 슬프다)에 관해서 라든가, **과거의 경험**(말 타고 있는 경찰관 본 거 기억나지?)에 대해 이야기할 수 있습니다. 여러분은 또한 사물을 **설명**해주거나 **문제를 해결**(접착제로 붙이면 고칠 수 있어)하고, **상상**(달나라까지 날아갈 거야. 너도 같이 갈래?)하는 말을 해도 좋습니다.

아빠는 트럭이 왜 그 구멍에 들어갈 수 없는지 캐머런에게 설명해줍니다.

## 아이가 자신을 표현할 수 있도록 말로 표현해주세요

우리 아이가 자신을 표현할 수 있도록 말로 표현해주는 방법은 아이의 의사소통 발달 단계에 따라 다릅니다. 각 단계마다 여러분이 도와줄 수 있는 것들이 조금씩 다르니 아래에서 확인해보세요.

### 반사적 반응 단계: 마치 말할 수 있는 아이에게 하듯이 말을 하세요

반사적 반응 단계의 아이에게는 마치 말을 할 수 있는 아이에게 하듯이 말을 해주세요. 언제나 '지켜보고, 기다리고, 들어주기'를 해서 아이의 관심을 사로잡은 것이 무엇인지 알아야 합니다. 그런 다음에 아이와 눈을 맞추고 그것에 대해 말하세요. 열정적이고 활기차게, 재미난 소리와 몸짓도 더하세요. 하다 보니 계속 똑같은 말만 반복하고 있다 해도 상관 없습니다. 그냥 계속하세요. 같은 말을 반복할지라도 아이의 주의를 끌고 있다면 성공입니다. 우리 아이가 반응 없이 가만히 있고 쉽게 상호작용을 하지 않으면 무언가를 말한 다음에 일단 정지하고, 아이에게 반응할 시간을 주세요. 하지만 아이가 조용하다고 여러분이 조용해지면 안 됩니다! 엄마 아빠와 같이 있을 때마다 아이가 엄마 아빠의 목소리를 들어야 합니다. 엄마 아빠의 목소리를 많이 들을수록 아이도 자신의 목소리를 발견하고 사용하게 됩니다.

아빠는 케이티의 시선이 오빠를 향한 것을 보고, 지금 케이티가 관심을 보이고 있는 것을 말로 표현해주고 있습니다.

## 관심표시, 초기 언어, 서툰 문장 단계의 아이가 자기를 표현하는 방법

관심표시, 초기 언어, 서툰 문장 단계에서 자신을 표현하도록 말로 표현해줄 때, 다음 네 가지 전략을 참고하세요.

- 현재 상황에 맞게 말하기
- 중요한 단어 반복하기
- 다양한 단어 사용하기
- 아이의 메시지를 확장해주기

### 현재 상황에 맞게 말하세요

아이와 의사소통을 할 때 아이가 **지금 이 순간에 집중하고 있는 것**에 맞춰 반응해야 합니다. 아이의 언어를 확장하는 가장 좋은 방법은 그것이 무엇이든지 간에 아이가 지금 말하려고 하는 것과 관련 있는 말을 해주는 것입니다. 그렇게 하면 우리 아이는 자신이 어떤 것에 관심을 가지면 그것에 따라오는 말이 있다는 것을 연결하면서 그 말을 훨씬 쉽게 배울 수 있습니다.

소피아가 비가 오고 있는 창밖을 가리키자 엄마는 바로 지금 이 순간에 소피아가 관심을 보인 것에 맞춰서 말로 표현해줍니다.

**같은 상황**에서 항상 **같은 말**을 해주면 아이가 표현하는 데 도움이 됩니다. 예를 들어 아이가 고양이를 보고 가리킨다면 언제나 같은 단어로 고양이를 표현하세요. 처음에 "고양이"라고 했는데 "야옹이"라거나 "냥이"라고 바꾸면 아이가 어려워할 수 있습니다.

또한 이것, 저것, 그것 같은 대명사보다 물건의 **정확한 이름을 사용**하는 것도 중요합니다. 만약 아이가 상 차리기를 도와주려 한다면, 상에 올릴 접시를 아이에게 건네주면서 "이거 놓아줄래?"라고 하기 보다는 "접시를 놓아줄래?"라고 말해주세요. 이런 식으로 실제로 쓰이는 말을 더 많이 들어야 우리 아이가 나중에 말로 할 때도 더 쉽습니다.

### 중요한 단어는 반복해서 말하세요

아이가 새로운 단어를 말해볼 수 있도록 중요한 단어를 반복해주세요. 예를 들어 우리 아이가 비에 맞아서 자신이 젖었다는 것을 보여주면 "비 맞아서 젖었구나"라고, 지금 이 상황에서 중요한 말인 "젖었다"를 강조하면서 대답해주세요. 그런 다음 대화 중에 "젖었다"를 자꾸 사용해주세요. 할 수만 있다면 아이와 대화 중에 같은 단어를 세 번에서 다섯 번 정도 반복해주세요. 한 번에 다섯 번씩 말하라는 것이 아닙니다. 여러분이 말할 차례에 그 단어를 쓰고, 다음 번 차례에 또 쓰세요. 우리 아이가 새로운 단어를 배우도록 돕는 자세한 내용은 114쪽을 참고하세요.

그레이스는 아빠 휴대폰에 관심이 아주 많아서 아빠는 그레이스가 휴대폰이라는 단어를 배워서 말할 수 있도록 도와주고 있습니다. 아빠가 말할 차례마다 꼭 "휴대폰"이라는 단어를 넣어서 말합니다.

**다양한 단어를 사용하세요**

아이에게 말로 표현하도록 가르칠 때 사물의 이름(개, 책, 아이스크림 등)을 말해주는 것이 당연합니다. 하지만 이름 말고도 다른 종류의 단어들을 많이 배워야 합니다. 아이에게 곰돌이 인형에 대해서 말할 때 쓸 수 있는 단어들이 얼마나 많은지 보세요.

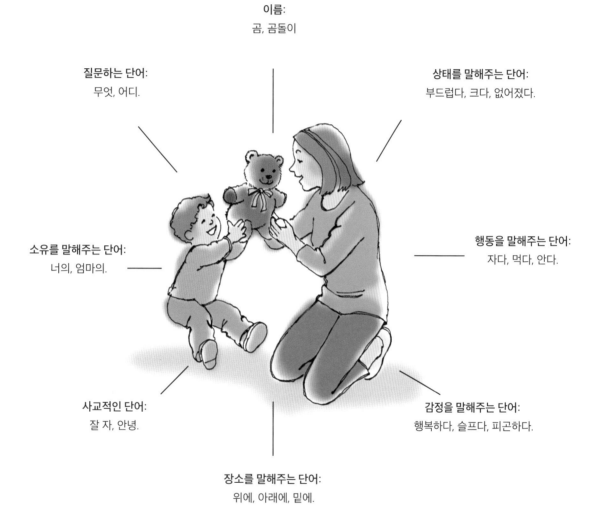

**이름:**
곰, 곰돌이

**질문하는 단어:**
무엇, 어디.

**상태를 말해주는 단어:**
부드럽다, 크다, 없어졌다.

**소유를 말해주는 단어:**
너의, 엄마의.

**행동을 말해주는 단어:**
자다, 먹다, 안다.

**사교적인 단어:**
잘 자, 안녕.

**감정을 말해주는 단어:**
행복하다, 슬프다, 피곤하다.

**장소를 말해주는 단어:**
위에, 아래에, 밑에.

아이가 자기를 표현할 수 있게 해주려면 어떤 단어를 추가해야 할까요? 아이가 가장 관심 있는 것과 관련된 단어 중에서 아이가 이해는 하고 있어서 그것을 행동이나 몸짓으로는 표현하지만 아직 신호나 말로 하지 못하는 단어가 있다면, 그것부터 시작하세요. 우리 아이가 하고 싶어하는 말이 무엇일지 생각해보세요. 엄마 아빠는 아이에게 존댓말을 가르치고 싶을지도 모르지만, 아이는 존댓말에 관심이 없을 수 있습니다. 그보다 우리 아이는 '멍멍이', '뛰어', '아이스크림', '켜(불)' 등의 단어에 관심이 있고 그런 말을 더 하고 싶을 수도 있습니다.

일단 아이가 단어나 신호를 50개 정도 사용할 수 있게 되면 단어 두 개를 결합할 수도 있게 됩니다. 다양한 단어를 추가할 때 글자 블록을 이용해서 단어 결합을 해보세요. '밀다', '뛰다', '잔다' 등 행동을 표현하는 동사들은 다른 단어와 결합해서 두 단어만으로도 문장을 만들 수 있기 때문에 특별히 중요합니다. (예: "아빠"+"잔다" 또는 "트럭"+"밀다")

브라이언은 다양한 단어를 알고 있어서 블록을 가지고 단어를
결합합니다.

**아이의 메시지를 확장해주세요**

아이가 한 번에 한 단어씩만 말하거나 두 단어 이상을 말하면, 아이의 메시지를 확장시
켜서 좀 더 긴 문장으로 말할 수 있게 해주세요. 아이가 말한 단어를
가지고 보다 완전한 문장으로 만들고, 아이가 말한 것보다 약
간 더 긴 문장으로 대답해주는 것이 방법입니다. 아이가
긴 문장을 이해할 수 있더라도 엄마 아빠는 짧고 정확
하게 말해주세요. 이렇게 해서 아이가 자기 생각을
말로 표현하는 능력을 길러줄 수 있습니다.

엄마는 스콧의 메시지를 알
아듣고, 스콧이 쓴 단어에
몇 단어를 더 보태서 말해
줍니다.

엄마는 다음에 뭘 할지 동사로 말해주면서 브랜던의 메시지를 확장합니다.

### 엄마 아빠의 말을 강조하세요

아이가 언어를 이해하고 사용하게 도와주는 것은 마치 아이와 공놀이를 하는 것과 같습니다. 공놀이를 할 때 아마 엄마 아빠는 아이가 공을 잡을 수 있도록 최선을 다 할 것입니다. 크고 말랑말랑한 공을 쓰겠지요. 먼저 아이의 주의를 이끌어내 공을 살살 던지거나 굴리거나, 또는 건네주겠지요. 아이가 다른 곳을 보고 있는데 던지거나, 받지 못할 정도로 세게 던질 리가 없습니다.

우리 아이에게 말할 때도 같습니다. 다시 말하면, 아이가 배웠으면 하는 말을 해주는 것도 중요하지만, 동시에 말하는 방법도 아주 중요합니다. 아이에게 알려주고 싶은 단어를 **강조**해주세요. 그러면 아이가 이해하고, 시간이 지나면 그 말을 배워서 쓸 수 있습니다. 말을 강조하는 방법 네 가지를 알려드립니다.

### 언어발달을 돕는 말하기의 네 가지 원칙

그리고 반복, 반복, 반복.

- **짧게 말하기:** 아이에게 말할 때는 짧고, 쉽고, 정확한 문장을 사용하세요. 한꺼번에 많은 정보를 주면 아이가 소화해낼 수 없습니다. 짧게 말하면, 엄마 아빠가 쓴 단어들을 아이가 이해하고 기억하기가 쉽습니다. 또한 짧은 문장 속에서 강조된 말은 아이가 따라 하기에도 쉽습니다.

아빠는 지금 13개의 단어를 사용해서 말하고 있습니다. 소피아가 이해하기에는 너무 많은 정보입니다.

짧은 문장으로 정확하게 말하면 소피아가 아빠 말을 훨씬 잘 이해합니다.

- **강조하기:** 중요한 말을 두드러지게 만드세요. 예를 들어, "차가 아주 뜨거워요"라면 이 문장에서 가장 중요한 단어는 "차"와 "뜨겁다"입니다. 강조해서 말하면 아이의 주의를 끌 수 있기 때문에 아이가 단어를 배우고 이해하는 데 유리합니다. 또한 말해보기도 쉬워집니다. 어떤 단어를 강조해서 말할 때는 일단 목소리에 활기를 주고, 그 단어를 약간 더 크게 말하거나 목소리 톤에 변화를 줄 수 있습니다.

메건의 엄마는 중요한 단어가 두드러지도록 강조해서 말합니다.

- **천천히 말하기**: 천천히 말해서 엄마 아빠가 지금 무슨 말을 하고 있는지 아이가 들으면서 이해할 시간을 주세요. 천천히 말하고 있으면 아이가 직접 말을 해볼 기회를 주고 있는 것이기도 합니다. 지나치게 느리게 말할 필요는 없습니다. 아이가 들으면서 무슨 말인지 따라가기 어렵지 않을 정도면 됩니다.

- **보여주기**: 어린아이들은 밀하고 있는 것이 무엇인지 실제로 볼 수 있을 때 더 쉽게 배웁니다. 시각적 도우미를 활용하면 여러 가지 방법으로 말의 의미를 보여줄 수 있습니다. 일단 시각적 도우미를 활용하는 여러 가지 방법들을 엄마 아빠가 먼저 이해한 다음에, 아이에게 가장 효과적인 방법이 무엇일지 결정하세요.
시각적 도우미를 활용하는 기본 방법은 다음 세 가지입니다: 지금 말하고 있는 것을 **보여주거나 가리키기**, 말하면서 **행동이나 제스처, 신호를 같이하기**, 말하고 있는 것의 **사진이나 그림을 활용하기**.

*지금 말하는 것을 보여주거나 가리키세요:* 사물을 보여주기나 가리키는 것은 엄마 아빠가 말할 때도 사용할 수 있고, 아이가 메시지를 보낼 때도 사용할 수 있습니다. 엄마 아빠가 말할 때, 무엇에 대해 말하고 있는지 보여줘서 아이의 이해를 돕습니다. 아이가 메시지를 보낼 때, 아이가 말하고 있는 것을 가리켜 보여주세요. 그러면 엄마 아빠가 자신의 말을 듣고 이해하고 있다는 것을 우리 아이가 알게 됩니다.

가리키기 같은 시각적 도우미는 아이가 엄마가 하는 말과 실제 물건을 연결 짓도록 도와줍니다.

***말하면서 행동이나 제스처, 신호를 같이하세요:*** 말하면서 동작, 제스처, 신호를 같이하면 엄마 아빠 말을 아이가 눈으로 확인할 수 있습니다. 예를 들면 "아니"라고 말하면서 고개를 가로젓거나, "안아 올려줄까?" 하면서 팔을 들어올리고, "안녕"하면서 손을 흔드는 것입니다. 이러면 아이가 이해하기 쉽습니다. 또한 말로 하지 않고도 의사소통을 할 수 있는 방법이 있음을 알게 되고, 아이도 곧 배워서 쓰게 될 것입니다. 그리고 엄마 아빠가 말과 제스처를 같이 사용하는 것을 보다가 아이는 그 말을 배워서 하게 될 것입니다.

제스처로 아빠는 이제 뭘 할지 조던에게 알려 뿐 아니라, 조던이 자기 차례를 할 기회를 주고 있습니다.

하니파의 요구를 말로 해석해줄 때, 엄마는 쿠키를 표현하는 신호를 같이 보여줍니다.

***말하고 있는 것의 사진이나 그림을 활용하세요:*** 실제 물건이 주변에 없을 때는 말하면서 사진이나 그림을 보여주세요. 아이가 이해하기 쉽습니다.

로버트는 엄마가 어디를 가자는 건지 잘 모르다가 …

그림을 보여주니까 확실히 알았습니다.

아이가 어떤 그림은 잘 알아보는데 어떤 그림은 아닐 때가 있습니다. 만약 우리 아이가 아직 그림 인식을 잘 못한다면 사진을 사용하거나 또는 실제와 거의 비슷한 컬러 그림을 사용하세요. 아이에게 중요한 사람들이나 물건의 그림을 보여주세요. 아이가 좋아하는 책에 나오는 그림들에 대해서 이야기하세요. 그리고 그림들을 실물 옆에 나란히 붙여 놓으세요.

그림은 대화를 이어나가기 위해 사용하는 것입니다. 아이가 알고 있는 것을 테스트하는 데 쓰지 마세요. 그림을 보면서 "이게 뭐지?"라고 물어보기 보다는 그림과 관계있는 이야기를 해주세요. 그리고 나서 아이가 자기 차례를 갖도록 기다려주세요. 아이의 관심사를 따라서 반응해주고, 아이가 자기 차례를 갖도록 기다려주세요.

- **반복, 반복, 반복:** 아이가 자신의 관심사를 제대로 포착한 단어를 자꾸 들으면 (또는 신호나 그림을 많이 볼수록) 훨씬 더 쉽게 이해하고 기억합니다. 물론 그 말을 할 가능성도 커집니다. 상호작용 중에 한 단어를 3~5회 반복하세요. 예를 들어 아이가 옷을 벗는 중이면, "벗는다"를 여러 번 반복해서 사용해주세요. "신발을 벗자"고 말하고 아이의 차례를 기다립니다. 아이 차례에 반응해주고 이번엔 "이제 양말을 벗자"고 말하고 또 아이 차례를 기다리고 반응해줍니다. 같은 단어를 다른 상황에서도 반복해서 사용해주세요. 아이에게 엄마 아빠가 뭐라고 말했는지 따라 해보라고 강요하지 마세요. 아이는 그저 듣기만 해도 배우고 있습니다.

## 말을 배우는 방법은 두 가지가 있습니다

지금까지 여러분은 말로 표현하는 두 가지 방법을 배웠습니다. 하나는 자기 자신을 표
현할 수 있게 도와주는 방법이고, 다른 하나는 자기 자신이 아닌 것, 즉 다른 사람
이나 사물, 상황 등을 알려줘서 세상에 대한 이해를 길러주는 방법입니다. 실제
상황에서는 아래의 보기처럼 두 가지를 합해서 말할 때가 아주 많습니다.

여기 네 트럭이 있네.
트럭이 우편함에
숨어 있었구나!

로버트는 관심 표시 단계입니다. 방금 로버트는 우편함에서 트럭을 발
견했고, 아빠는 로버트에게 두 가지 방식으로 말을 해주고 있습니다.
**지금 일어난 상황을 아이가 표현할 수 있도록 중요한 단어(트럭)를 반
복합니다.** 또한 로버트의 **이해를 길러주기 위해서** 일어난 상황을 설명
해주고 있습니다.

봉지가 무겁지!
감자들이 아주 무겁네.

어!

엄마는 초기 언어 단계인 스콧에게 두 가지 방식을
말로 표현해줍니다. **지금 스콧이 소통하고 있는 것
에 맞춰서 "무겁다"는 단어를 배워서 말할 수 있게
도와주면서** 스콧의 **이해를 길러주기 위해 약간의
정보를** 더해줍니다.

아기가 자고 있네. 쉬.
아기가 깨지 않게
우리는 조용히 하자.

아기 자.

얼리샤는 초기 소통 단계입니다. 엄마는 얼리샤가 말
한 두 단어 문장을 좀 더 정확한 세 단어 문장으로 바꿔
주었습니다. 그런 다음 상상력을 키워주기 위한 아이
디어를 덧붙여 줍니다.

## 이중언어를 사용하는 아이들

요즘에는 두 가지 이상의 언어를 말하는 가정에서 크는 아이들이 많아졌습니다. 어떤 아이들은 태어날 때부터 이미 두 개 이상의 언어를 배우는데 이런 경우를 '동시적 이중언어'라고 부릅니다. 3세 이후에 다른 언어를 배우는 경우는 '순차적 이중언어'라고 합니다. 동시적 이중언어를 구사하는 아이들에게는 두 가지 이상의 언어가 모두 모국어입니다. 순차적 이중언어를 구사하는 아이라면 모국어가 먼저 있고(태어나서부터 노출된 언어), 그런 다음 3세 이후부터 배운 언어는 제2의, 제3의 언어가 됩니다.

언어지체가 있는 아이들도 제2의, 제3의 언어를 배울 수는 있습니다. 다만 언어지체가 없는 아이들에 비해서 배우는 속도가 느립니다. 아이가 새로 노출된 언어와 모국어, 각각의 언어로 의사소통을 얼마나 잘 할 수 있을지는 언어지체의 정도에 따라서 다릅니다. 또한 아이가 각각의 언어를 사용할 수 있는 기회와 경험에 따라서도 얼마나 잘 배워서 쓸 수 있을지 많이 달라집니다. 아이는 언어를 많이 들을수록, 그리고 그 언어를 유창하게 말하는 어른과 더 많은 상호작용을 할수록 언어 구사력이 더 좋아질 것입니다.

어떤 부모들은 자녀와 어떤 언어로 말할지 확신이 서지 않을 때가 있습니다. 특히 모국어를 사용하는 나라에 살고 있지 않은 경우라면 더더욱 집에서 어떤 언어를 써야 할지 확신이 들지 않습니다. 비록 엄마 아빠가 유창하지 않더라도 현재 살고 있는 나라의 언어를 써야 할까 궁금할 수도 있습니다. 이때 가장 중요한 것은 엄마 아빠가 아무런 수고 없이도 아이와 쉽게 의사소통을 할 수 있어야 한다는 것입니다. 다시 말해서 여러분은 가장 편한 언어로 아이와 말하고, 노래하고, 읽고, 사랑을 표현할 수 있어야 합니다. 아이에게 엄마 아빠도 잘 모르는 언어로 얘기하고 있으면, 상호작용이나 대화가 자연스럽지 않고 편안하지 않을 수 있습니다. 게다가 모국어에 능한 아이들이 제2외국어도 훨씬 쉽게 배웁니다. 만일 이 문제로 염려되는 점이 있다면 언어 전문가와 의논해보는 것이 좋습니다.

아이는 자신이 몇 가지 언어에 노출되는지와는 상관없이 엄마 아빠 그리고 아이의 삶에 중요한 사람들과의 즐거운 상호작용 속에서 말을 가장 잘 배웁니다. 이 책에서 설명하고 있는 전략들은 모두 아이가 어떤 언어를 배우는지 상관없이 상호작용을 배우는 데 도움이 됩니다.

> Besa el oso.
> Yo besare el oso.

엄마는 미겔과 스페인어로 대화합니다. 엄마의 모국어가 스페인어이기 때문에 엄마는 스페인어로 말할 때 가장 편합니다.

# 의사소통 목표를 선택하세요

1장에서 배웠듯이 말을 배우려면 상호작용이 잘 되야 합니다. 언어학습에서 상호작용은 절대적이므로 언제나 상호작용 목표가 먼저입니다.

1. **상호작용 목표: 처음 차례 갖기** - 아이와 상호작용하면서 처음으로 자기 차례를 갖게 한다. (관심 표시, 초기 언어, 서툰 문장 단계의 경우)
2. **상호작용 목표: 차례 더 갖기** - 아이와 상호작용하면서 차례 갖기를 좀 더 많이 주고 받는다. (네 단계의 아이들 모두 가능)
3. **상호작용 목표: 재미있게 놀기** - 아이와 재미있게 논다. (네 단계의 아이들 모두 가능)

2장부터 5장까지 나와 있는 모든 전략은 상호작용 기술을 기르는 데 도움을 줍니다. 일단 차례 갖기의 횟수가 늘어나고, 차례를 주고받으며 즐거운 시간을 보내게 되면, 그 다음에 특정한 차례 갖기로 자신을 더 잘 표현하도록 도와줄 방법들이 보입니다.

**4. 표현적 의사소통 목표: 특정한 차례 갖기** - 상호작용하면서 특정한 차례 갖기를 합니다. 우리 아이는 ＿＿＿＿＿＿＿할 것이다.

14쪽의 표를 사용해 아이의 의사소통 표현 목표를 선택할 수 있습니다. 이때 두 가지 선택이 있습니다. 아래의 목표에 집중해서 아이를 도와주세요.
- **현재 의사소통 단계에서 할 수 있는 것을 더 많이 하기**
- **다음 의사소통 단계로 올라갈 준비하기**

만약 아이가 다음과 같다면 현재 의사소통 단계에서 우리 아이가 지금 하고 있는 것을 더 많이 해보도록 도와주는 데 집중하는 것이 좋습니다.
- 우리 아이가 의사소통을 별로 하지 않는다.
- 우리 아이가 의사소통을 하지만 다양한 상황에서 하지 않으며, 다양한 목적을 가지고 하지 않는다.
- 우리 아이가 사용하는 어휘(예: 제스처, 단어 또는 구절)가 별로 많지 않고, 사용하는 단어의 유형(예: 동사, 서술어, 위치를 나타내는 단어)이 다양하지 않다.

우리 아이가 초기 언어 단계이고, 약 20개의 단어(주로 사물이나 사람들의 이름)를 구사하며, 그 단어들을 일관성 없이 몇 가지 상황에서만 쓴다면 현재 의사소통 단계에 머물러 아이가 지금 하고 있는 것을 더 많이 해보도록 도와주세요. 다음 단계로 넘어가는 것보다 더 중요한 것은 사용하는 단어의 수와 단어 유형(동사, 서술어)을 늘리고 다양한 이유(코멘트나 질문)로 의사소통해야 합니다. 아이가 이런 기술들을 습득한 후에 비로소 다음 의사소통 단계로 올라갈 준비를 도울 수 있습니다. 언어치료 전문가를 통해 아이의 의사소통 단계를 분석하고 의사소통 목표를 설정하는 것을 강력히 추천합니다.

## 실현 가능한 의사소통 목표를 고르세요

실현 가능한 목표란 엄마 아빠가 조금만 도와주면 우리 아이가 성취할 수 있는 목표를 말합니다. 우리 아이의 의사소통 목표가 실현 가능하려면 다음의 세 가지 가이드라인을 이용해서 목표를 세우세요. 목표는 언제나 필요하고, 구체적이며, 현실적이어야 합니다.

• **필요한 목표:** 필요하다는 것은 우리 아이가 자신의 관심과 요구를 소통하는 데 도움이 되고 아이에게 말하고자 하는 동기를 주는 것을 말합니다. 여러분은 아이가 "화장실"이라는 말을 하기 바라겠지만, 그건 아이가 말하고 싶은 것은 아니지요. 아이가 반려동물을 예뻐하고, 공차기를 즐기고, 불을 껐다 켜는 장난을 좋아하고, 욕조에서 물장난하기를 좋아한다면 아이가 좋아하는 이런 활동들에 관하여 소통할 때 필요한 말 중에서 의사소통 목표를 설정하세요.

• **구체적인 목표:** 의사소통 목표는 구체적이어서 목표를 달성했을 때 분명히 알 수 있어야 합니다. 예를 들면, 목욕 상황에서의 의사소통 목표는 이렇게 세웁니다. "아이가 목욕할 때 욕조에 물을 받으라는 뜻으로 '틀어요'라는 말을 엄마 아빠에게 한다."

• **현실적인 목표:** 현실적인 의사소통 목표란 우리 아이의 의사소통 단계와 현재의 능력에 맞아야 한다는 것을 말합니다. 너무 많은 것을 너무 일찍 기대하지 마세요.

104~106쪽의 〈의사소통 목표의 다양한 예시〉를 보세요. 아이가 단어를 말할 수 있는 정도라면 아이가 이미 내고 있는 소리들과 비슷한 소리의 단어들을 골라보세요. 예를 들어 만약 우리 아이가 담요를 "바바"라고 한다거나, 뭔가를 원할 때면 "므으으"라고 말한다면, ㅂ이나 ㅁ으로 시작하는 단어들이 배우기 좀 더 쉬울 것입니다.

아이의 관심과 능력에 맞는 현실적인 의사소통 목표를 세웠고, 엄마 아빠와 즐겁게 상호작용하는 동안 목표가 이루어지고 있다면, 아이는 잘 배우고 있는 중입니다. 단어를 말하라고 하거나 제스처를 취해보라고 해서 확인하고픈 유혹을 이겨내세요. 목표를 달성하려고 아이가 스트레스를 받아서는 안 됩니다. 의사소통은 즐겁게 배워야 합니다!

## "이제 이건 우리 아이가 아는 말이야"라고 언제 말할 수 있을까요?

처음에 아이는 엄마 아빠가 말하면 듣고 그때만 **따라 합니다.** 때론 엄마 아빠가 말한 단어와는 전혀 다르게 들릴지도 모르지만 아이의 생각에는 그 단어를 말한 것입니다. 꽤 오랫동안 따라 하기만 하는 아이들도 있습니다. 하지만 언젠가는 혼자서 말하게 될 것입니다. 우리 아이가 단어를 "안다"는 것은 누가 옆에서 말하지 않았는데도 아이 혼자 **각기 다른 상황에서 그 단어를 세 번 정도 쓴다면** '아는 것'입니다.

**실현 가능한 의사소통 목표란 이런 것입니다**

**1. 반사적 반응 단계의 의사소통 목표:**
**무엇인가를 요청하려는 구체적인 목적을 가진 메시지 보내기**

조던은 반사적 반응 단계인데 엄마와 상호작용하는 것을 좋아합니다. 기분이 좋으면 몸을 움직이고, 소리를 내고, 엄마를 똑바로 쳐다봅니다. 조던은 웃고, 옹알이를 많이 하고, 일상생활에서 다음에 뭘 할지 안다는 표현을 하기 시작했습니다. 예를 들어 엄마가 목욕시키려고 화장실로 데려가거나 주스를 주려고 냉장고 문을 열면 아주 신납니다. 조던은 아직 '의사소통 교감'(6쪽 참조)이 없어서, 엄마는 다음과 같은 의사소통 목표가 조던에게 필요하고 현실적이라고 생각합니다.

**목표:** 조던이 나에게 뭔가를 요구하기 위해서 의도적으로 소리를 내거나 몸동작을 하거나, 또는 쳐다보기

조던이 이 목표를 달성하도록 도와주려고, 엄마는 다음과 같이 합니다.

- 조던이 가장 좋아하는 베개를 조던 가까이에 있는 소파 위에 놔둡니다. 조던에게 보이기는 하지만 손이 닿지 않는 위치입니다.
- 조던이 몸을 비비 꼬고 소리를 내자, 엄마가 베개를 집어 들고 "베개를 갖고 싶구나"라고 말하며 베개를 건네줍니다. 조던이 베개를 들고 있는 동안 엄마는 조던에게 말합니다.
- 베개를 가지고 다른 방에서도 이 과정을 반복합니다. 조던이 베개를 보도록 위치를 조정해야 하므로 필요하다면 엄마가 앞에 들고 보여줍니다.
- 조던 곁에 갈 때마다, 엄마는 언제나 조던과 마주 보고 앉습니다. 그래야 조던이 엄마를 바라보기 쉽기 때문입니다. 바라보기는 필요한 것이 있을 때 누군가에게 알리는 중요한 방법이기 때문에 엄마는 조던이 바라보기를 빨리 배웠으면 합니다. 엄마가 베개를 들었을 때 조던이 잠깐이라도 엄마를 바라보면, "베개 갖고 싶구나"라고 말하면서 건네줍니다. 그리고 조던이 베개를 들고 있는 동안 엄마는 조던에게 말을 합니다.
- 베개를 가지고 조던과 상호작용하는 동안에는 움직이고 소리 내고 바라보는 등 조던이 무엇을 조금이라도 하면, 그것을 마치 조던이 베개를 달라고 부탁하는 것인 양 받아줍니다. 조던이 매번 바라보면 좋겠지만 지금으로서는 어떤 사소한 행동 하나라도 마치 조던이 엄마에게 특정한 메시지를 보낸 것처럼 받아들입니다.
- 이내 엄마가 베개를 집어 얼굴 쪽으로 들었더니 조던이 엄마를 바라보기 시작하는 것이 눈에 띄었습니다. "베개 갖고 싶구나"라고 엄마가 말하면서 재빨리 베개를 건네줍니다. '원하는 것이 있을 때 엄마를 바라보면 준다'고 가르쳐주려는 것입니다.
- 엄마는 같은 방식으로 조던에게 다른 물건을 소개합니다. 조던이 좋아하는 음식을 가지고도 똑같이 합니다. 조던이 의도를 가지고 엄마에게 메시지를 보내기까지는 시간이 꽤 걸리겠지만, 조던에게 '의사소통 교감'이 생기고 있다는 것을 엄마는 압니다.

## 2. 관심 표시 단계의 의사소통 목표: 말을 따라 하기

로버트는 관심 표시 단계이고 주저하는 의사소통 방식을 갖고 있습니다. 로버트는 몇 가지 소리 내기, 바라보기, 동작, 제스처 등을 같이 쓰면서 의사소통을 합니다. 필요한 것이 있을 때는 주로 행동과 제스처를 합니다. 예를 들면 그네를 타면서 아빠에게 밀어 달라고 할 때는 몸을 앞뒤로 흔듭니다. 아빠가 최근 들어, 특히 피플게임을 하면서 로버트가 소리를 내는 것을 몇 번 들었는데, 마치 말을 해보려는 것 같았습니다. 그래서 아빠는 로버트에게 필요하고 현실적인 목표를 '말을 따라 해보기'라고 생각했습니다. 한 단어에서 한 음절만 따라 하더라도 말입니다.

**목표:** 그네를 밀어 달라고 할 때, 로버트가 "밀어!"(또는 이런 의미로 어떤 소리라도 내면서)라는 말을 따라 하면서 자기 차례 갖기

로버트가 이 목표를 달성할 수 있도록 아빠는 다음과 같이 합니다.

- 로버트를 그네에 태우고 "준비하시고"라고 한 다음에, 로버트가 밀어달라고 할 때까지 기다립니다. 로버트는 항상 하던 대로 몸을 앞뒤로 흔들면서 재촉하고 있습니다. 하지만 그네를 밀지 않습니다. 로버트가 몸을 앞뒤로 흔들자마자 아빠는 "밀어!"라고 말합니다. 로버트가 다시 몸을 흔들자 아빠는 또 "밀어"라고 말합니다. 이 말이 밀어달라고 할 때 쓰는 말이라는 것을 로버트가 확실히 알 수 있도록, 반드시 로버트가 몸을 앞뒤로 흔들 때 말합니다.

- 아빠가 조금 있다가 로버트 쪽으로 몸을 숙이고 잔뜩 기대하는 표정으로 웃으면서 눈을 크게 뜨고 눈썹을 치켜 올리면서 "밀어"를 말하라는 큐를 줍니다.

- 로버트가 계속 재촉하면 아빠는 "밀어"라고 말하고 기다리고, 또 말하고 기다리고를 반복하세요. 로버트가 무슨 말인지 알아듣고 "므" 또는 아무 말이라도 할 때는 그 즉시 "밀어"라고 말하면서 아빠가 그네를 밀어줍니다. 이때 너무 세게 밀지 마세요. 그 래야 그네가 금방 멈추고 다시 또 말을 해볼 기회가 생기니까요.

- 이 과정을 반복하고 반복합니다. 로버트가 재촉할 때마다 언제나 "밀어"라고 말해줍 니다. 얼마 지나지 않아 로버트는 몸을 흔들고 재촉해도 소용이 없다는 것을 알게 됩 니다. 아빠가 "밀어"라고 말할 때마다 로버트는 "므"라고 그 말을 따라 합니다.

- 로버트가 "밀어!"를 아주 아주 많이 따라 한 다음에는, 아빠가 먼저 "밀어"라고 말해 주지 않아도 로버트가 혼자서도 말하는지 보고 싶어지겠지요. 그래서 아빠는 "준비하 시고"를 말하고, 로버트가 혼자서 "므"라고 말하는지 기다려봅니다. 로버트가 안 하면 아빠가 먼저 "밀어" 하고 기다립니다. 로버트가 "므" 하자 아빠가 그네를 밀어줍니다.

- 의사소통을 배우는 데는 시간이 걸립니다. 연습을 많이 하고 나면, 로버트가 먼저 "밀어"라고 말하는 날이 반드시 옵니다.

### 3. 초기 언어 단계의 의사소통 목표: 먼저 동작을 말하는 단어(동사)를 따라 하고, 그런 다음 스스로 말하기 (단어의 다양성을 키우는 방법)

소피아는 초기 언어 단계이고, 20개 정도의 단어를 말하고 제스처도 많이 사용합니다. 병은 "버", 물은 "무"라고 하고, "위", "멍멍이", "마마", "아바", "시러"와 같은 단어를 말하는데, 말할 수 있는 동사는 오직 두 개, "불다"와 "뛰어" 뿐입니다.

　소피아가 필요한 것들 중에는 엄마가 열어줘야 하는 것들이 많아서, 엄마는 소피아가 "열다"라는 단어를 배울 필요가 있다고 생각합니다. 소피아는 이미 한 단어로 말하고 있고 동사도 두 개를 알고 있으므로, "열다"를 따라 하다가 말하는 것은 현실적이고 실현가능한 목표입니다.

**목표:** 엄마에게 무언가를 열어달라고 할 때, 소피아가 "열어"라고 말하기

소피아가 이 목표를 달성하도록 엄마는 다음과 같이 도와줍니다.

- 소피아가 소리나 동작을 사용해서 무엇인가를 **열어달라고 할 때**, 엄마는 마주 보고 "가방을 **열어**. **열어**" 또는 "문을 **열어**. **열어**"라고 말합니다. 소피아가 따라 말하기 쉽도록 "열어"를 강조해줍니다.
- 그리고 나서 엄마는 기대하는 표정을 짓고 기다립니다.
- 만약 소피아가 열고 싶은 것을 잡으려고 하면, "가방을 **열어**. **열어**" 또는 "병뚜껑을 **열어**. **열어**"라고 말하고 소피아가 그 말을 하는지 기다려보세요.
- 이 과정에서 "**열어**"라는 단어를 소피아가 세 번에서 다섯 번 정도 들을 수 있게 해주세요.
- 소피아가 "열어"를 일부라도 말하면 말을 하자마자 엄마는 "가방을 **열어**(또는 어떤 물건이든)"라고 말하면서 열어줍니다.

만약 소피아가 "열어"라는 말을 전혀 하려고 하지 않는다면 그냥 넘어가세요. 엄마가 "가방을 **열어**"라고 말한 다음에 열어주세요.

　하루 종일 일상생활을 하면서 엄마나 소피아가 무엇이든지 열 때 마다 "열어"라고 말해주는 것을 잊지 마세요. 그래야 소피아가 그 단어를 더 많이 듣습니다.

소피아에게 "열어"라는 단어를 가르쳐주려고, 엄마는 그 단어가 들어간 짧은 문장을 말하고 다시 단어만 따로 말해줍니다. 그러면 소피아가 따라 합니다.

일단 목표로 정해놓은 것을 아이가 하기 시작하면 그 다음에는 배운 것을 자꾸 해볼 기회를 만들어주세요. 지금까지와는 다른 방식으로 해도 우리 아이가 할 수 있다는 확신이 들면 이제는 '네가 말하기를 엄마 아빠가 기대하고 있다'는 것을 알려주세요. 예를 들어 우리 아이가 분명히 할줄 아는 말인데 안 한다면 조금 더 기다려보세요. '너는 할 수 있어!'라고 말하는 표정과 미소로 응원하면서요. 해당 단어를 엄마 아빠가 말하고, 또 기다리세요. 아이가 사기 차례에 그 단어를 말하면 밀한 즉시 반응을 해주세요. 혹시 엄마 아빠가 바라는 말이나 행동을 우리 아이가 전혀 하지 않더라도, 염려하지 말고 다음에 다시 시도하세요. 이것만 꼭 기억하세요. 의사소통하기는 모두가 즐거워야 한다는 것!

## 의사소통 목표의 다양한 예시

아이의 의사소통 목표를 선택할 때 다음 목록을 참고하세요. 의사소통에 필요한 제스처나 단어는 의미 있고 중요한 말을 전달하기 쉽게 해주는 것으로 선택하세요. 의미 있고 중요하다는 것은, 엄마 아빠가 아니라 우리 아이에게 의미 있고 중요한 것을 말합니다.

### 제스처

제스처만 따로 하는 것이 아니라, 언제나 말과 함께 사용해야 한다는 것을 잊지 마세요.

**행동:** 잠자기(눈 감고 양손을 모아 머리를 받침), 손 씻기(손을 비빔), 발차기(발로 차는 동작), 뛰기(팔을 앞뒤로 흔들기), 박수(손뼉), 젓기(마치 티스푼을 들고 있는 것처럼 손가락으로 작은 원을 그림), 불기(입으로 바람 불기), 먹기(먹는 시늉), 뽀뽀하기(입술로 뽀뽀하는 모양)

**설명:** 크다(과장된 목소리로 "크다"고 말하면서 양팔을 크게 벌린다), 작다(과장된 작은 목소리로 "작다"고 말하면서 엄지와 집게 손가락을 가깝게 붙인다), 화난다(화난 표정을 짓는다), 냄새 난다(코를 손으로 잡는다), 아프다(고통스러운 것처럼 몸을 잡는다), 피곤하다(하품한다), 없다(양손을 벌린다)

**그 외의 단어:** 네(고개를 끄덕인다), 아니오(고개를 가로젓는다), 저기(가리킨다), 안녕(손을 흔든다)

### 아이의 첫 단어

**중요한 사람들:** 가족이나 친구의 이름, 아이의 이름, 아빠, 할머니, 할아버지, 엄마, 반려동물의 이름

**음식 및 음료:** 밥, 맘마, 국, 사과, 바나나, 빵, 사탕, 치즈, 쿠키, 과자, 달걀, 고기, 생선, 주스, 우유, 물

**신체 부위:** 눈, 코, 입, 귀, 손, 손가락, 발, 발가락, 배, 배꼽

**의류:** 턱받이, 잠바, 기저귀, 모자, 잠옷, 내복, 신발, 양말

**가정 용품:** 침대, 담요, 이불, 병, 컴퓨터, 컵, 문, 쓰레기, 열쇠, 조명, TV

**밖에 있는 물건들과 갈 장소들:** 꽃, 공원, 비, 학교, 하늘, 눈, 가게, 그네

**동물:** 곰, 벌, 새, 벌레, 토끼, 나비, 고양이, 개, 야옹이, 사자, 원숭이

**운송 수단:** 자전거, 배, 버스, 자동차, 소방차, 비행기, 기차, 트럭

**장난감 및 놀이:** 공, 블록, 책, 비눗방울, 인형, 퍼즐, 까꿍놀이

**행동:** 두드리다, 불다, 잡다, 박수 치다, 춤추다, 마시다, 먹다, 떨어지다, 날다, 뛰다, 차다, 뽀뽀하다, 열다, 엿보다, 붓다, 읽다, 노래하다, 안다, 자다, 서다, 그네 타다, 던지다, 간지럼 태우다, 씻다

**묘사하는 말:** 끝, 다 없어지다, 큰, 망가진, 깨끗한, 추운, 더러운, 마른, 뜨거운, 작은, 많은, 좋은, 꺼진, 켜진, 예쁜, 졸린, 냄새 나는, 아픈, 젖은, 역겨운

**시간을 설명하는 단어:** 아침, 밤, 지금, 오늘, 내일, 오늘 밤

**감정을 표현하는 단어:** 화난, 행복한, 섭섭한, 슬픈, 무서운, 아픈, 피곤한

**위치:** 뒤, 아래, 여기, 안으로, 밖으로, 멀리, 저기, 아래, 위

**사교와 관련된 단어:** 잘 가, 안녕, 사랑해, 잘 자, 아니, 괜찮아, 미안해, 에고, 네

**소유를 표현하는 단어:** 나의, 내 것, 엄마의, 강아지의

**질문 단어:** 무엇? 어디? 누구?

### 두 단어 문장

우리 아이가 두 단어를 붙여 쓰게 되려면, 그 단어들이 들어간 정확한 문장을 들어야 합니다. 그러면 우리 아이가 문장 속에 들어 있는 두 단어를 합해서 대답할지도 모릅니다. 예를 들어 엄마가 "아빠가 열쇠 가지러 갔어"라고 했더니, 아이가 "아빠 갔어"라고 대답할 수도 있습니다. 정확한 문장을 사용해야 좀 더 복잡한 문장도 배울 수 있습니다.

**행동 또는 물건 +"더":** 그네 더, 점프 더, 이야기 더, 주스 더

**사람, 물건 또는 행동 +"주세요" 또는 "필요해요":** 주스 주세요, 곰돌이 필요해요, 안아 주세요

**사람, 물건 또는 행동 +"없다":** 침대 없다, 주스 없다, 밥 없다

**사라진 것을 묘사하기:** 쿠키가 없어졌다, 과자를 다 먹었다

**사람 또는 물건을 묘사하는 말:** 큰 공, 더러운 바지, 없어진 바나나, 뜨거운 우유

**사람 또는 물건의 소유를 나타내는 말:** 나의 아빠, 엄마의 가방

**사람 또는 동물 +동작:** 아기 운다, 엄마 뽀뽀해, 아빠 자요, 토끼 깡총, 멍멍이 짖는다

**사람 또는 물체 +동작:** 공 던진다, 문 연다, 비눗방울 분다, 이기 뽀뽀해

**사람 또는 물체 +위치 단어:** 머리 위, 침대 안에, 테이블 아래

**위치 단어 +동작:** 여기로 들어온다, 밖으로 나간다, 아래로 미끄러진다

**사람 또는 물체 +질문 단어:** 새 어디? 저 사람 누구?

## 세 단어 문장

언제나 정확한 문장을 사용해서 아이가 좀 더 긴 문장을 배우게 도와주세요. 엄마 아빠가 문법적으로 정확한 문장을 사용하면 우리 아이가 좀 더 복잡한 말도 알아서 쓸 수 있게 됩니다. 예를 들면 엄마가 "로버가 가서 공을 가져올 거야"라고 말하면, 우리 아이가 "로버가 공 가져와"라고 대답할 수 있게 됩니다.

**사람+물체+동작:** 엄마 곰돌이 뽀뽀해, 아빠 공 던져, 제이미 쿠키 먹는다

**위치 단어(조사) 추가:** 헛간에 말이 있어, 발에 양말을 신어, 테이블 밑에 숨어

**설명하는 단어 추가:** 큰 트럭 줘, 차 빨리 달려, 엄청 어질러 놨어

# Chapter 7

# 함께 놀아요

아 이와 놀 때는 무조건 즐겁게 노는 것이 제일 중요합니다. 아이의 의사소통 기술은 같이 즐겁게 놀면서 발전 합니다. 이 장에서는 우리 아이의 언어 이해와 표현 능력을 길러줄 다양한 놀이활동을 계획하는 방법에 대해 서 배웁니다. 뿐만 아니라 즐겁게 노는 동시에 아이의 의사소통 목표도 달성할 수 있도록 놀이를 계획하는 방법도 배웁니다.

## 놀이의 힘!

아이는 놀면서 세상을 배웁니다. 어른과도 놀고 친구와도 놀면서 다른 사람과 상호작용하는 방법과 어울리는 방법을 배웁니다. 놀이는 또한 아이의 사고력과 문제 해결 능력을 길러줍니다. 욕조에서 장난감을 갖고 놀다 흥미로운 발견을 하기도 합니다. 어떤 장난감은 물에 뜨는데 어떤 것은 가라앉는다는 놀라운 발견 말입니다. 종이, 풀, 찰흙, 물감, 모래 등의 재료를 가지고 놀면서 아이는 감각적 자극을 받을 뿐만 아니라 창의력과 상상력도 발전합니다.

놀이가 매우 중요한 이유는 아이의 의사소통과 언어능력이 놀이를 하면서 길러지기 때문입니다. 놀면서 아이는 아주 중요한 아이디어를 많이 배우고, 그 아이디어에 맞는 말을 배웁니다. 예를 들어 장난감을 소리 나게 하려면 버튼을 눌러야 한다는 것을 알게 됩니다. 아무리 세게 밀어 넣어도 큰 블록은 작은 컵에 들어갈 수 없다는 것도 알게 됩니다. 아이는 찰흙을 가지고 굴려서 동그란 공을 만들고, 손가락으로 찔러 구멍을 뚫습니다. 그리고 엄마나 아빠 또는 다른 사람들이 하는 것을 보다가 때가 되면 장난감 컵을 입에 가져가고 소리를 내면서 마치 컵에 물이 있는 것처럼 마시는 척하기 시작합니다. 놀이 경험에 따라오는 언어는 너무나 풍부하기 때문에 놀이와 의사소통 기술이 나란히 발전하는 것을 쉽게 볼 수 있습니다.

또한 놀이의 중요성은 아이와 엄마 아빠 사이에서 만들어지는 교감에 있습니다. 미끄럼틀을 타고 내려온 아이를 잡을 때, 쌓아 올린 블록을 쓰러뜨리면서 함께 웃을 때, 병원놀이를 하면서 아이의 환자가 되어줄 때, 우리 아이는 엄마 아빠와 계속 놀고 싶을 것입니다. 이것이 바로 놀이가 매우 중요한 또 다른 이유입니다.

놀이의 힘은 우리 아이와 엄마 아빠 사이에 만들어지는 교감에서 나옵니다.

## 놀이에는 세 가지 유형이 있어요

가장 중요한 세 가지 놀이 유형입니다.

**기능놀이:** 기능놀이는 탐색 놀이라고도 불리는데, 단순하고 반복적인 방법으로 장난감이나 물건을 탐색합니다. 탕탕 치고, 흔들고, 당기고, 입에 넣어 보기도 합니다. 던지기, 달리기, 올라가기, 점프하기 같은 신체적인 놀이도 기능놀이입니다. 단순하게 놀던 아이들도 시간이 지나면 물건이 원래 만들어진 방식에 맞춰 놀게 됩니다. 예를 들어 자동차를 단순히 바닥에 탕탕 치던 아이가 바닥에서 밀고 다니거나 모양 맞추기의 조각을 입에 넣던 아이가 모양 틀에 조각을 끼워 넣습니다.

**짓기놀이:** 짓기놀이에서는 마음속에 목표를 가지고 무엇인가를 짓거나 만들려고 물체나 놀이 재료를 이용합니다. 예를 들어 블록으로 건물을 짓거나, 모래로 성을 만들고, 찰흙으로 눈사람을 만듭니다.

**가상놀이:** 가상놀이는 아이가 놀이 속에서 다른 어떤 것이 될 수 있고, 마치 장난감을 진짜인 양 갖고 놀 수 있다는 것을 아이가 이해할 때 시작됩니다.

우리 아이는 두 가지나 또는 세 유형의 놀이 모두를 즐길 수 있습니다. 129쪽과 130쪽의 〈우리 아이의 놀이 발달 단계〉 체크리스트를 참조하여, 아이가 어떤 놀이 기술을 갖고 있는지 확인해보세요.

기능놀이

짓기놀이

가상놀이

## 반사적 반응 단계 아이의 탐색과 교감을 도와주세요

반사적 반응 단계에서는 기능놀이를 합니다. 초기에는 그냥 뭔지 탐색하는 것입니다. 장난감과 물건을 입에 넣고, 손으로 만지거나, 누르고, 두들기고, 흔들면서 그것들이 무엇인지 탐색합니다. 또한 소리나 모양이 흥미로운 물건을 보길 좋아합니다. 아이가 손에 쥐고 있거나, 입에 넣고, 만지고, 흔들고, 두드리고, 누르고, 잡아당길 수 있는 상난감을 줘서 이런 종류의 탐험 놀이를 하게 해주세요. 장난감이 걸려 있는 놀이방, 봉제완구나 촉감이 부드러운 장난감, 딸랑이, 삑 소리를 내는 장난감이나 크고 푹신한 블록 등을 활용하세요.

조던은 "거미"가 자기 쪽으로 기어오는 것을 보고 신이 납니다.

반사적 반응 단계에게 중요한 의사소통 목표는 6장의 101~102쪽에서 설명했던 "의사소통 교감"이 생기는 것입니다. 가장 좋은 방법은 아이가 장난감에 반응이나 행동을 보이면 엄마 아빠가 즉시 반응을 해주는 것입니다. 마치 실제로 아이가 엄마 아빠에게 말한 것처럼 말입니다. 항상 얼굴을 마주 보고 아이가 엄마 아빠를 바라보기 쉽게 해주세요. 아이가 장난감을 상에 두드리고 있다면, "꽝꽝꽝!"이라고 말하면서 여러분도 아이의 행동을 따라 하세요. 그런 다음 기대에 찬 표정으로 아이를 바라보고, 혹시 아이가 다음 차례를 하는지 기다려보세요. 여러분이 아이에게 장난감을 보여줄 때는 아이가 엄마 아빠와 장난감을 둘 다 볼 수 있도록 얼굴 가까이에 들고 보여주세요. 흔들거나 위아래로 움직여서 아이의 관심을 끌 필요도 있습니다. 루틴을 이용해서 상호작용을 촉진하는 SPARK를 시도해보세요(5장 참조).

## 관심 표시, 초기 언어, 서툰 문장 단계 아이는 놀이 속에서 의사소통 목표가 달성되도록 놀이를 설계하세요

아이는 단어나 구절을 말하기 전에 의미를 먼저 이해해야 합니다. 이해하는 말이 더 많을수록 우리 아이가 엄마 아빠와 나눌 수 있는 생각과 아이디어가 더 많아집니다. 따라서 놀이에서 의사소통 목표는 바로 언어 이해를 높이고, 표현 능력을 키우는 것입니다. 표현 능력을 키우는 목표를 설정할 때 아이의 현재 의사소통 단계에서 할 수 있는 것을 더 많이 해보게 하거나, 다음 의사소통 단계로 올라갈 준비를 하게 할 수 있습니다(6장 99쪽 참조). 한 가지 활동을 하면서도 이해와 표현, 두 가지 목표를 동시에 시도할 수도 있습니다.

## 어떻게 놀이에 의사소통 목표를 설정할까요?

아이가 놀고 있을 때 '지켜보고, 기다리고, 들어주기'를 잘하면, 의사소통의 목표로 무엇을 선택하면 좋을지 아이디어가 많이 떠오를 것입니다. '아이가 무엇을 할 때 좋아하더라? 어떨 때 웃지? 좋아하는 장난감은 어떤 종류지? 이 장난감을 가지고 놀 때는 무슨 얘기를 하고 싶어 할까?' 등등 일단 우리 아이가 가장 좋아하는 것 목록을 머릿속에 만들어보세요. 그런 다음에 그것을 하면서 달성할 수 있는 의사소통 목표를 고르세요. 예를 들어 장난감 동물들을 재우는 가상놀이를 아이가 자주 하나요? 그러면 최적의 의사소통 목표는 눕고, 자고, 일어나고, 코 고는(엄마가 자는 척하면서 코를 골면 좋아하겠지요!) 동작을 말해주는 단어를 아이가 이해하는 것입니다. 이 단어들을 따라 하다가 마침내 아이가 스스로 말하게 될 것입니다. 우리 아이가 무엇을 할 때 가장 좋아하나요? 아이는 그것에 대해서 의사소통하고 싶어 합니다. 그게 무엇이든지 간에요.

## 놀이를 하며 의사소통 목표를 달성해요

아이가 놀면서 목표를 달성하려면 두 가지가 중요합니다. 우선 상호작용을 시작해야 합니다. 아래에 나오는 전략과 112~113쪽에 기술한 세 가지 전략을 사용하세요. 그리고 아이가 제스처나 단어 또는 짧은 구절을 배워서 이해하거나 사용하려는 중이라면 아래에 나온 전략과 114쪽에 설명된 다섯 가지 주요 언어 전략을 사용하세요.

### 상호작용 시작하기
- 놀이에 끼어들기
- 아이가 차례를 해볼 수 있는 기회를 만들기
- 놀이 루틴을 이용해서 상호작용을 촉진하는 SPARK

### 우리 아이가 목표를 달성하도록 도와주는 다섯 가지 주요 언어 전략
- 상호작용 중에 제스처, 단어 또는 문장을 3~5회 이상 반복하기
- 말하면서 제스처 또는 시각적 도우미를 같이 쓰기
- 현재 상황에 맞는 말을 하기
- 짧고 정확한 문장 사용하기
- 다른 상황에서도 제스처, 단어 또는 문장을 반복하기

## 상호작용을 시작해요

성공적인 놀이는 엄마 아빠가 아이와 상호작용하면서 즐거운 시간을 보내는 것으로부터 시작됩니다. 일단 아이가 첫 번째 차례를 하고 여러분과 아이가 교대로 차례를 주고받게 되면, 이제 이이는 배울 수 있습니다. 엄마 아빠와 아이가 놀면서 반드시 상호작용을 하게 만드는 효과적인 세 가지 방법이 있는데, 이전 장에서도 언급했던 내용입니다.

• **놀이에 끼어들기**

아이가 하고 있는 놀이에 끼어들 수 있는 방법을 찾아보세요(35~38쪽에 아이디어가 있습니다). 아이가 엄마가 기대하는 방식으로 장난감을 가지고 놀지 않아도 그냥 아이가 노는 대로 따라가세요. 트럭에 실을 블럭을 트럭 밑에 놓거나, 찰흙으로 만들기를 하지 않고 그저 두들기고 잡아 늘리며 놀아도 괜찮습니다. 아이가 자신만의 방식으로 장난감을 탐색하고 가지고 놀게 놔두고, 어떻게 하는지 보세요. 그리고 꼭 아이와 대화를 할 필요는 없습니다. 아이와 엄마가 소통하고 있다는 것, 그 자체가 중요합니다.

엄마는 엄마의 장난감을 따로 들고 브랜던의 모래성 만들기 놀이에 끼어들었습니다. 두 사람은 무너진 모래성에 대해서 이야기도 많이 하고 즐겁게 놉니다.

• **교대로 차례를 주고받을 수 있는 기회 만들기**

만약 엄마가 놀이에 끼어들려고 하는데도 아이가 끼워주지 않으면, 끼어들 다른 방법을 찾아야 할 것입니다. 아래 그림에 나오는 부모들은 상호작용에서 아이들이 자기 차례를 하지 않을 수밖에 없는 상황을 만들어 놀이에 끼어들었습니다. 바로 아이들이 엄마 아빠의 도움을 필요로 하게끔 만드는 방법이죠.

그네 타기 루틴을 하면서 아빠는 그네를 조금만 밀어주고, 로버트가 아빠에게 밀어달라고 거듭 요청하게 만듭니다.

엄마는 그레이스가 혼자서는 가지고 놀 수 없는 장난감을 골라줍니다. 그레이스가 비눗방울을 불어달라고 엄마에게 부탁할 수밖에 없습니다.

장난감을 작동하는데 필요한 조각들을 아빠가 가지고 있습니다. 캐머론이 필요할 때마다 한 조각씩 달라고 하면서 차례 갖기를 합니다.

• 놀이 루틴을 활용하여 상호작용을 촉진하는 SPARK

5장에서 루틴에 대해 배웠는데, 그중에서도 특히 피플게임은 우리 아이에게 말을 시키고 교대로 차례 갖기를 하기에 참 좋은 활동입니다. 이제 아이가 좋아하는 장난감을 가지고 새로운 루틴을 만들어보세요. 우선 특정 장난감이나 놀이를 아이가 왜 좋아하는지 알아야 하니까 '지켜보고, 기다리고, 들어주기'를 먼저 해야겠지요. 그 다음에는 SPARK 전략을 활용하여 루틴을 만들어보세요(5장의 75쪽을 보세요).

소 모양의 장난감을 엄마의 바지 주머니에 숨겨놓으면 로버트가 찾으면서 신이 납니다. 그래서 엄마는 루틴을 만들었습니다. 장난감 소를 엄마 주머니에 숨겨놓고 기다립니다.

로버트가 숨겨놓은 소를 찾으면, 엄마는 로버트가 좋아하는 동물 소리를 냅니다.

로버트가 루틴에 익숙해지면 엄마가 하던 역할을 로버트가 합니다. 로버트는 장난감 동물을 숨기고 엄마가 찾게끔 만듭니다. 찾았을 때 엄마는 동물 소리를 냅니다.

### 아이의 목표 달성을 돕는 다섯 가지 언어 전략을 쓰세요

다음에 나오는 다섯 가지 언어 전략을 활용해서 우리 아이가 제스처, 단어 또는 짧은 구절을 이해하고 사용하게 도와주세요.

- **단어나 구절을 말하거나 제스처를 할 때 3~5회 이상 반복하세요.** 우리 아이가 배우면 좋을 말이나 구절을 제스처와 같이 여러 번 하세요. 처음 엄마 아빠 차례에 한두 번 하고 아이가 반응을 보이고 난 다음, 다음 번 부모 차례에 다시 또 하고, 그 다음에도 또 합니다.

- **말에 제스처 또는 시각적 도우미를 붙여주세요.** 예를 들어, "크다"고 할 때는, 양팔을 넓게 벌리는 제스처를 같이하고, "찬다"고 할 때는 발로 차는 동작을 보여주세요. 이렇게 하면 우리 아이가 단어의 뜻을 이해하는 것뿐 아니라 말할 때도 도움이 됩니다.

- **현재 상황과 일치하는 말을 하세요.** 지금 눈앞에서 벌어지고 있는 상황에 맞는 얘기를 해주세요. 그러면 바로 지금 이 상황에는 이런 말과 구절, 제스처가 해당한다고 연관을 짓기가 쉬워집니다.

- **짧고 정확한 문장을 사용하세요.** 짧고 정확한 문장을 사용하면서 같은 단어를 다른 문장에서도 반복해주면, 아이가 새로운 단어도 배우고, 단어의 새로운 조합도 배웁니다. 예를 들어 공놀이를 하면서 아빠가 "공 던지자!" "아빠가 공을 던질 거야" "구멍 속으로 공을 던져"라고 하면, 우리 아이는 공을 던진다는 뜻으로 "공"이라고 말하거나 "던져", 심지어는 "공 던져"라고도 할지 모릅니다. 이런 과정이 쌓여서 언젠가 긴 문장도 말할 수 있게 됩니다.

- **새로운 제스처, 단어 또는 구절을 다른 많은 상황에서 반복하세요.** 우리 아이에게 밀어라는 말을 가르치려고 합니다. 우리 아이가 소방차를 밀 때 "밀어"를 말했으면, 소방차뿐만 아니라 트럭이나 다른 장난감 자동차를 가지고도 반드시 보여주세요. 그리고 놀 때뿐만 아니라 다른 상황에서도, 예를 들어 슈퍼마켓에서 문을 열 때나 쇼핑 카트를 밀 때도 "밀어"라고 말해주세요.

### 기능놀이에서 의사소통 목표 설정하기

기능놀이는 흔들고, 두드리고, 쏟는 등의 여러 가지 동작이 반복됩니다. '인과관계 작용'은 기능놀이에서 배우는 아주 중요한 속성입니다. 예를 들어 우리 아이가 전등의 스위치를 누르고 불이 들어오나 보고, 장난감의 버튼을 누르고 소리가 나는지 볼 때, 아이는 기능놀이를 통해 원인과 결과를 배웁니다. 기능놀이 단계에 있는 아이들은 모래, 물 그리고 찰흙 등을 가지고 여러 가지 행동을 해봅니다. 진흙을 주무르고, 물에서 첨벙거리고, 찰흙을 손가락으로 찔러보고 잡아당기는 등 감각들을 즐기면서, 주무르고 첨벙거리고 찔러봤을 때 어떻게 변하는지 결과를 보는 것을 좋아합니다.

기능놀이를 하는 단계에서 아이는 물건이 원래 만들어진 용도 대로 사용하기 시작합니다. 예를 들어 장난감 자동차를 쌓지 않고 앞뒤로 밀었다 끌었다 합니다. 달리기, 점프하기, 올라가기, 공놀이 등도 역시 기능놀이 범주에 들어갑니다.

## 놀이 목표 표 사용은 이렇게 하세요

이 장에 있는 목표 표에 열거된 목표는 단지 제안사항일 뿐임을 잊지 마세요. 일단 시작할 때는 아이의 이해와 표현 단계 칸에서 한 가지 활동을 선택하고, 목표 선택도 한 가지 또는 많아야 두 가지를 택하세요. 이해를 위한 목표 하나와 표현을 위한 목표 하나로 시작하는 것이 좋습니다(어느 목표든 신호나 그림을 사용하도록 조정할 수 있습니다). 활동을 자주 해서, 아이가 새로운 단어나 아이디어를 쉽게 배울 수 있도록 해주세요. 또한 다른 활동에도 가져다 쓸 수 있는 목표도 몇 가지 선택하세요. 예를 들어 "밀어"라는 단어가 목표라면, 아이가 그네 탈 때도 쓰고, 두 사람이 자동차를 가지고 놀 때도 쓰고, 그리고 마트에서 카트를 밀 때도 씁니다. 만약 목록에 있는 목표들 중에 우리 아이가 좋아하는 것들과 상관 있는 단어가 없으면, 단어를 직접 선택하세요.

### 기능놀이 1: 바깥 놀이

바깥 놀이는 뛰고 달리고 숨고 쫓아가는 등의 활동적인 놀이입니다. 밖에서 아이와 함께 놀 때도 아이의 관심사를 따라가세요. 만약 달리고 점프하기를 좋아하면, 끼어들어 함께 달리고 점프하세요. 다만 어떤 목표가 그 활동과 맞을지, 어떤 제스처나 단어를 활동 중에 자주 반복할 수 있을지를 생각하세요. 예를 들어 우리 아이가 동사를 배우는 중이라면 여러분은 서로를 '쫓고', 같이 '깡총깡총' 뛰거나, 작은 돌이나 나무를 '점프'할 수 있습니다. 만약 우리 아이가 묘사하는 단어를 배우고 있는 중이라면(89쪽을 보세요) 시범을 보여주고 '높이' 뛸지 '낮게' 뛸지, '빨리' 달릴지 '천천히' 달릴지 물어보세요. 우리 아이가 제스처 사용 또는 단어나 구절을 배우는 중이라면, 언제나 엄마 아빠의 차례에 해당 제스처, 단어, 구절을 사용하고 기다려주면서 아이에게도 해볼 기회를 주세요. 만일 아이가 목표를 달성하면, 다시 말해 목표 단어를 말하면 즉시 놀이를 시작하세요! 기다려도 아이가 하지 않으면, 엄마 아빠가 제스처, 단어 또는 구절을 한 번 더 하고 놀이를 계속하세요.

| 바깥 놀이 목표 | | |
| --- | --- | --- |
| | **이해 목표** | **표현 목표** |
| **관심 표시 단계** | • 뛰다, 달리다, 점프하다 | • 달리고, 점프하고, 깡총깡총 뛰기를 행동으로 보여준다<br>• 이해 목록에 니와 있는 단어들 중 아이가 무슨 뜻인지를 알고 단어를 따라 한다 |
| **초기 언어 단계** | • 뛰다, 빨리 뛰다, 천천히 뛰다, 높이 뛰다, 낮게 뛰다, 깡총깡총 뛰다 | • "달려", "점프해", "깡총깡총 뛰어", "위로", "아래로", "위에" |
| **서툰 문장 단계** | • 아빠가 달린다, 아빠가 점프한다, 아빠가 깡총깡총 뛴다, 네가 뛴다, 네가 달린다, 네가 나무토막 위로 점프한다 | • "아빠 뛰어", "아빠 점프", "아빠 깡총", "나 뛰어", "나 점프", "나 깡총", "(나무토막 위로)점프해", "나 나무 위로 점프해." |

애덤은 관심 표시 단계입니다. 의사소통 목표는 "'점프'가 무슨 뜻인지 알기"입니다. 엄마는 애덤과 같이 점프할 때마다 그 말을 반복했고, 이제 애덤이 점프가 무슨 뜻인지 압니다.

엘리자베스는 초기 언어 단계이고, 의사소통 목표는 "'높이'라는 말을 하는 것"입니다. 아빠는 엘리자베스와 "낮게" 점프하고 "높이" 점프하면서 계속 반복해서 목표 단어를 말해줍니다. 이제 엘리자베스는 아빠에게 "높이"라고 말할 수 있습니다.

서툰 문장 단계인 태릭의 목표는 "'점프'라는 말을 넣어서 두 단어 이상 말하기"입니다. 그래서 아빠는 "점프"가 들어간 짧은 문장을 씁니다.

태릭은 아빠도 점프하길 바랍니다. 아빠가 뛰지 않고 잠깐 기다리고 있었더니, 태릭이 "아빠, 점프!"라고 말합니다.

### 기능놀이 2: 물놀이

물놀이는 욕조에서도 할 수 있고 야외에 있는 물놀이 공원에서도 할 수 있습니다. 물놀이하면서 가지고 놀 수 있는 장난감이 여러 가지 있는데, 기왕이면 다양한 모양과 크기의 그릇이 있으면 좋습니다. 구멍이 뚫려 있어서 물이 흘러나오는 그릇, 물에 뜨는 공과 장난감 사람들, 동물과 보트, 물에 뜨지 않는 물체 등등.

　물놀이할 때 우리 아이는 어떻게 노는 것을 좋아하나요? 아이가 좋아하는 놀이를 이용해서 의사소통 목표를 선택해보세요. 물을 담아서 붓기를 좋아하면 "담다"가 목표가 될 수 있습니다. 우리 아이의 의사소통 단계에 맞춰서 '담다'를 이해하고, 따라 하고, 말해보기로 목표를 정할 수 있습니다. 아이가 비누로 거품 만들기를 좋아하나요? 그러면 비누로 거품을 만들면서 달성할 수 있는 목표가 뭐가 있을지 생각해보세요. 거품을 만들면서 배울 수 있는 단어는 뭐가 있을까요? 묻다(손에 묻은 비누를)? 젓는다(비눗물을 저어서 거품이 생기도록)? 뿌린다(물을 뿌려서 거품이 날리게)? '부는 제스처를 한다'는 목표는 어떠한가요? 아니면 "분다"를 말하거나 따라 하기? 또는 "분다"를 넣어서 두 단어 문장 만들기? 여러분의 목표는 반드시 우리 아이의 의사소통 단계에 맞는 목표여야 합니다.

　그리고 기억하세요! 아이가 단어를 배우고 발음을 배울 때는 꼭 짧고 정확한 문장으로 말해줘야 합니다.

| 물놀이 목표 | | |
|---|---|---|
| | **이해 목표** | **표현 목표** |
| **관심 표시 단계** | • 붓다, 물, 젖다, 비누, 보트, 씻다, 거품, 없어지나, 안에, 밖에, 뿌리다 | • '뿌리다', '없다', '젓다', '불다' 등을 제스처로 보여주거나 따라 하기<br>• 다음에 나오는 단어들 중에 무슨 뜻인지 아는 단어 하나를 따라 하기: 에고, 거품, 없어, 축축해, 뿌린다(부-라고 소리내기도 합니다) |
| **초기 언어 단계** | (물) 아래, 빠지다, 떨어지다, 가득 채우다, 가득, 축축한, 마른, 뿌리다, 거품, 컵, 젓다 | "안에", "위에", "부어", "배", "물", "뿌려", "거품", "컵", "저어", "젖었어", "말랐어", "떨어졌어", "가득" |
| **서툰 문장 단계** | 뜨다, 안 뜨다, 가라앉다, 무거운, 가득, 텅 빈, 젖은, 마른 | "빠져", "떨어졌어", "물 속에", "물 위에", "(그릇 이름)을 채워", "무거워", "가라앉았어" |

**기능놀이 3: 공놀이**

아이들은 보통 공놀이를 좋아합니다. 놀이 방법은 다양합니다. 말랑말랑하고 큰 공을 아이에게 살살 던지거나 굴려볼 수 있고 큰 통을 놓고 교대로 공을 던져 넣어볼 수도 있습니다. 큰 상자나 바구니를 놓고 공이나 콩주머니, 블록을 아이와 교대로 안에 던져 넣는 놀이도 있습니다. 공을 가지고 재미있게 놀면서 해볼 만한 의사소통 목표들도 물론 많이 있습니다.

| 공놀이 목표 | | |
|---|---|---|
| | **이해 목표** | **표현 목표** |
| **관심 표시 단계** | • 공, 던지다, 잡다, 놓치다, 튀기다, 높이, 차다, 굴리다 | • (공을 바구니에 넣었을 때) 박수를 치면서, "와!"<br>• (공을 못 넣었을 때) "에고"<br>• "해봐!"<br>• 던지고, 차고, 굴리는 등의 제스처를 한다 |
| **초기 언어 단계** | • 던지다, 차다, 굴리다, 튀기다, 잡다, 큰, 작은, 안에, 밖에, 놓치다, 공 넣는 다양한 통의 이름 알기(바구니, 상자 등), 좀 더 가까이 | • "던져", "차", "준비", "잡았다", "해봐!", "안에", "놓쳤어" |
| **서툰 문장 단계** | • 차다, 굴리다, 튀기다, 잡다, 큰, 작은, 내가 놓쳤어, 높이, 낮게, 빨리, 천천히, 멀리, 가까이, 세게, 살살 | • "골인!", "내가 놓쳤어", "엄마가 놓쳤어", "여기 있어", "좀 더 가까이", "공을 굴려", "너무 멀어", "(못 넣었을 때) 너무 어려워" |

**관심 표시 단계:** 아빠의 목표는 메건이 "던져"라는 말을 먼저 이해하고

"와우"라는 말이 뭔가 잘 됐을 때 축하하는 말이라는 것을 이해하는 것입니다. 그래서 아빠는 "와우"를 다른 상황에서도 자꾸 쓰는데, "와우"가 콩주머니 놀이에서만 쓰는 말이 아니라는 것을 메건에게 알려주려는 것입니다.

**초기 언어 단계:** 소피아의 목표는 "던진다"는 말과 함께

"못 넣다"는 말도 이해하는 것입니다. 일단 말을 잘 이해하게 되면, 아빠는 목표를 아이가 이 말을 직접 사용하는 것으로 바꿀 것입니다.

**서툰 문장 단계:** 얼리샤와 엄마는 이 놀이를 꽤 많이 해서, 이제 "골인"이란 말을 아이가 따라 할 수 있게 됐습니다. 그 동안 엄마가 말하는 것을 아주 많이 들었기 때문입니다.

자꾸 따라 하다가 이제는 얼리샤 혼자서도 잘 말합니다.

**기능놀이 4: 자동차와 트럭**

기능놀이를 하면서 아이는 자동차, 트럭, 기차, 비행기를 "운전"합니다. 우리 아이의 의사소통 목표를 적절히 선택하려면 자동차나 트럭으로 아이가 어떻게 노는지 먼저 잘 관찰해야 합니다. 길을 내고, 평평한 판이나 단단한 포장박스로 경사로나 터널을 만들어주면 자동차와 트럭 놀이가 훨씬 재미있어집니다. 자동차가 경사로를 올라가고 터널을 지나서, 언덕 정상에서 손을 놓으면 저설로 내리막길을 굴러 내려오는 것을 보여줄 필요도 있습니다. 또한 차 두 대로 경주를 할 수도 있습니다.

| 자동차 놀이 목표 | | |
|---|---|---|
| | **이해 목표** | **표현 목표** |
| **관심 표시 단계** | • 운전하다, (경사로)위로, (경사로) 아래로, (신호등이 꺼지면) 정지, 부딪히다, 출발, 큰, 작은, 빨리, 자동차 이름(트럭, 불자동차, 트랙터 등) | • 다음에 나오는 단어나 소리 중에서 무슨 뜻인지 아는 단어 하나를 따라 하기: "부르릉"(자동차 소음), "쿵" 또는 "꽝"(자동차끼리 부딪치는 소리), "쌩"(차가 내리막길을 빨리 달릴 때), "에고", "출발!" |
| **초기 언어 단계** | • 빨리, 천천히, 정지, 가다, 오르막길, 내리막길, 충돌, 안에, 밖에, 망가진, 자동차, 소방차<br>• 장소를 묻는 질문들 (예: 자동차가 어디 있지?) | • 이해 목록의 단어들 중 아이가 이해하게 된 것을 표현하기<br>• 차량 이름, "빨리", "천천히", "정지", "출발해", "망가졌어" |
| **서툰 문장 단계** | 참고: 이 단계의 기능놀이에는 상상놀이가 들어갑니다.<br>• **무슨 일이 일어날지 상상하기:** "자동차가 부딪칠 거야"<br>• **설명하기:** "이 차는 못 가, 망가졌거든"(또는 "기름이 없거든", "바퀴가 망가졌거든" 등)<br>• **초기 질문 사용:** (자동차 사고를 가장하면서) "무슨 일이야?", "차에 누가 탔어?(엄마, 사람 등)" | • 이해 목록의 단어나 문장들 중 아이가 알고 이해하고 있는 것들을 표현하기<br>• "자동차가 망가졌어", "자동차 고쳤어", "차에 기름 넣어야 해", "(장소)에 갈 거야" |

### 짓기놀이에서 의사소통 목표 세우기

짓기놀이를 할 때 아이들은 무엇을 만들지 마음속으로 미리 생각하고 만듭니다. 블록이나 레고로 건물을 짓고, 두꺼운 종이 조각이나 화장지심 등 재료들을 붙여 머릿속으로 생각한 것들을 창조합니다. 짓기놀이를 할 때, 아이는 무얼 만들지 생각해보고 이것저것 시도해보면서 문제를 해결하는 방법을 배우며 창의력이 자랍니다. 놀이의 처음부터 끝까지 모든 과정에서 배울 것이 무궁무진합니다. 무엇을 지을지 계획하고, 레고 조각들을 서로 딱 맞게 끼우고, 완성품이 무너지거나 부서지지 않게 확인합니다. 무엇을 만들면서 크기, 길이, 모양, 패턴, 무게 등에 대해 알게 됩니다. 이 모든 아이디어들은 나중에 학교에 가서도 쓸 수 있습니다.

　짓기놀이는 아이가 말(또는 신호)을 이해하고 사용할 수 있는 능력이 생긴 다음에 시작해서 몇 년간 지속됩니다. 아이가 스스로 무엇을 만들어내는 것은 매우 중요합니다. 만약 아이가 도움이 필요하다면 어떻게 하는 건지 딱 한두 번만 보여주고 그 다음엔 아이가 직접 하도록 놔두세요. 아이는 엄마 아빠가 해주는 것을 보고만 있을 때 보다, 자기 스스로 이렇게 저렇게 문제를 해결하면서 배우는 것이 훨씬 더 많습니다.

**짓기놀이1: 건물이나 구조물 짓기**

아이가 처음 만든 건물은 아마도 작고 불안정할 것입니다. 왜냐하면 이제 막 블록 위에 블록을 제대로 쌓는 법을 배우고 있는 중이거든요. 신체가 좀 더 발달하면 아이는 더 복잡하고 흥미진진한 건물을 만들기 시작합니다. 짓기놀이가 점점 정교해질수록 엄마 아빠가 쓸 언어도 달라집니다. 아이가 블록으로 뭘 만드는지 지켜보세요. 작은 건물을 지었다가 무너뜨릴지도 모릅니다. 또는 낮은 빌딩을 넓게 지어서 그 안에 작은 장난감을 넣어 놓을지도 모릅니다. 아이가 무엇을 하고 있는지에 맞춰 목표를 정해보세요.

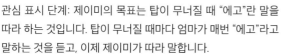

관심 표시 단계: 제이미의 목표는 탑이 무너질 때 "에고"란 말을 따라 하는 것입니다. 탑이 무너질 때마다 엄마가 매번 "에고"라고 말하는 것을 듣고, 이제 제이미가 따라 말합니다.

초기 언어 단계: 브라이언의 의사소통 목표는 탑이 무너져 내릴 때 "무너져"를 말하는 것입니다. 탑이 무너질 때마다 엄마가 "무너져 내려!"라고 말해주다가, 이번에는 엄마가 아무 말 안 하고 기다렸습니다. 그랬더니 브라이언이 "무너져"라고 먼저 말합니다.

| | 이해 목표 | 표현 목표 |
|---|---|---|
| **건물 짓기놀이 목표** | | |
| 관심 표시 단계 | • 와우, 에고, 어쩌나, 쿵, 위에, 더, 떨어진다, 블록, 아래로 | • 다음에 나오는 재미있는 말 중에서 무슨 뜻인지 아는 것 하나를 따라 하기: "와우", "에고", "어벅해", "쿵"<br>• '크다', '작다'를 제스처로 표현하기 |
| 초기 언어 단계 | • 위에 올려, 큰, 높은, 블록 더, 커다란, 작은, 건물, 블록으로 지을 수 있는 것들의 이름(기차, 성, 다리 등) | • "위에", "떨어진다", "무너져", "더", "더 높이", "내 차례야", "또" |
| 서툰 문장 단계 | • 더 긴, 더 짧은, 더 큰, 더 높은<br>• 두 개의 건물을 비교하는 질문과 같은 초기 질문하기: "누구 건물이 더 크지?" "저건 무너질까?" | "블록 더", "정말 크다", "정말 높다", "정말 길다", "내 거야", "내가 (건물 이름)을 만들었어요." |

서툰 문장 단계: 브랜던의 의사소통 목표는 둘 중에 하나가 더 크다는 아이디어를 이해하는 것입니다. 그래서 엄마가 더 크다고 말하면서 손으로 가리키는 것을 여러 번 보고 듣고서, 브랜던은 이제 더 큰 것을 제대로 가리킬 수 있습니다.

**짓기놀이 2: 찰흙 놀이**

아이들은 찰흙을 좋아합니다. 말랑말랑해서 촉감도 좋고 이것저것을 만들 수 있으니까요. 아이의 창의성을 길러주려면 어떤 모양이나 물체를 만드는 방법을 아이에게 처음부터 보여주지 마세요. 대신 도구를 주세요. 플라스틱 칼, 밀대, 큰 돌, 빨대, 심지어 장난감 사람도 좋습니다. 찰흙을 가지고 놀 때 아이들은 처음에는 짓기놀이(반죽을 밀고 자르기)를 하다가 상상놀이(쿠키를 먹는 척)로 옮겨가기도 합니다. 우리 아이가 가상놀이 단계에 있을 경우에 말입니다.

    찰흙을 가지고 놀 때 중요한 것은 아이가 찰흙을 탐색하고 실험할 시간을 줘야 한다는 것입니다. 아무 말도 하지 말고, 그냥 가지고 놀게 내버려두세요. 아이가 정확히 무엇을 하는지 '지켜보고, 기다리고, 들어주기' 하세요. 찔러보나요? 만져보나요? 굴리나요? 뭔가를 만들고 있나요? 일단 아이의 관심이 어디에 있는지 알고 난 다음에 의사소통 목표를 선택하세요.

| 찰흙 놀이 목표 | | |
|---|---|---|
| | **이해 목표** | **표현 목표** |
| **관심 표시 단계** | • 물렁물렁하다, 굴리다, 두드리다, 자르다, 당기다, 찌르다, 둥글다 | • 엄마에게 보여주려고 주의를 끌기 위해 제스처를 하거나 소리를 내기<br>• 굴리기, 자르기, 당기기, 두드리기 등의 제스처를 하기<br>• 다음에 나오는 단어 중에서 무슨 뜻인지 아는 단어 하나를 따라 하기: "와우", "에고", "내거", "더", "두드려", "잘라", "당겨" |
| **초기 언어 단계** | • 굴리고 있는, 두드리고 있는, 자르는, 물렁물렁한, 뱀, 공, 쿠키, 평평한, 찌르다, 구멍, 도구의 이름 (칼, 밀대), 없어졌다(밀대로 밀어서 형태가 없어졌을 때) | • "굴려", "두드려", "주물럭 주물럭", "납작해", "칼", "밀대", 아이가 만들고 있는 것의 이름 (공, 뱀, 벌레, 피자, 과자 등) |
| **서툰 문장 단계** | • **비교하는 표현**: 긴, 더 긴, 큰, 더 큰, 작은, 더 작은, 뚱뚱한, 더 뚱뚱한, 가는, 더 가는<br>• "뭐 만들었어?" "뭐 하고 있니?" "(도구이름)이 어딨지?" | • "나는 + ~하고 있어요." ("자르고 있어요", "주물럭거리고 있어요")<br>• "나는 ~을(를) 만들었어요."<br>• **비교하는 표현**: "내 것이 더 길어", "네 것이 더 작아." |

## 가상놀이에서 의사소통 목표 세우기

아이는 어떤 것이 다른 것을 상징할 수 있다는 것을 알게 되면서 가상놀이를 시작합니다. 언어가 실제 물건이나 상황을 대신할 수 있다는 것을 아이가 알고 나면, 장난감도 실제 물건이라고 가정할 수 있다는 것을 알게 됩니다. 예를 들어 "자동차"라는 말이나 장난감 자동차가 실제 차를 대신할 수 있다는 놀랍고 재미있는 사실을요. 이제 왜 가상놀이를 시작하려면 언어가 발달해야 하는지 아시겠지요?

처음에 아이는 엄마 아빠가 실생활에서 하는 행동이나 쓰는 물건 중에서 아이가 본 것을 흉내 냅니다. 비어 있는 컵으로 실제 물을 마시는 것처럼 시늉하거나 장난감 전화기를 들고 통화하는 척합니다. 인형이나 엄마 아빠에게 마실 것을 권하면서 물 한 방울 없는 빈 컵을 입에 대줍니다. 아무것도 없는 줄 알면서도 마시는 척하고, 엄마 아빠에게도 권하지만, 이것이 "진짜"가 아니라는 것을 자기도 잘 알고 있음을 나타냅니다. 가상놀이가 시작된 것이지요. 보통 초기 언어 단계에서 시작하는데 가끔 언어 이해가 앞선 아이들은 관심 표시 단계에서도 가상놀이를 시작합니다. 서툰 문장 단계에서는 가상놀이를 정말 많이 하는데 엄마 놀이, 슈퍼마켓 놀이, 병원 놀이를 하면서 많은 시간을 보내고, 자신이 알거나 경험했던 일을 가지고 놀이를 합니다. 이런 종류의 가상놀이를 하면서 아이의 언어 능력이 많이 발달합니다. 왜냐하면 놀이를 하면서 뭘 하는지, 뭘 할지, 왜 그런지, 그리고 사람이나 동물이 어떤 기분인지 설명하기 때문입니다. 그래서 언어로 표현하는 능력이 크게 발달하지요.

가상놀이 경험이 쌓이면 아이는 실제와 똑같지 않은 물건을 가지고도 가상놀이를 합니다. 예를 들어 막대기를 펜이라고 하거나 오렌지를 대신할 물건으로 공을 사용합니다. 더 지나면 실물과는 전혀 상관없는 물건도 사용하기 시작합니다. "이것은 내 전화야"라며 말 한마디로 결정하거나, 블록을 전화기로 사용하는 등 뭐든지 아이가 필요한 것으로 바뀝니다. 나중에는 더 이상 물건조차도 필요하지 않는 날이 옵니다. 다시 말해, 아이스크림을 먹는 척하려고 아이스크림 대신 무엇을 들고 있을 필요도 없습니다. 빈손으로도 아이스크림을 먹는 척합니다.

130쪽의 체크리스트를 보면 우리 아이가 가상놀이를 어떤 식으로 하는지 알 수 있습니다. 우리 아이를 위한 목표를 택할 때, 활용할 수 있는 가상놀이 종류들입니다. 다음에 나오는 가상놀이 목표 표에 가상놀이를 훨씬 더 재미있게 만드는 아이디어가 많이 담겨 있습니다.

**가상놀이 1: 부엌 놀이와 요리하기**

엄마 아빠가 부엌에서 일하는 것을 자주 보기 때문에 아이들은 요리하고 밥 먹는 놀이를 좋아합니다. 만일 우리 아이가 가상놀이를 이제 막 시작했다면, 놀이는 아주 짧을 것입니다. 좀 더 지나면, 음식 준비부터 시작해서 굽고 볶고 요리해서 상을 차려서 먹기까지의 일련의 과정들을 다 합니다. 만약 엄마가 옆에 있으면 엄마에게 먹이려고 할 것입니다. 만약 엄마가 끼어들어 함께 놀면 아이는 놀이를 더더욱 즐길 것입니다.

우리 아이가 어떤 가상놀이를 하려는지 먼저 잘 관찰하세요. 그리고 나서 끼어들되 아이가 주도하게 놔 두세요. 놀이에 새로운 아이디어를 살짝 보태서 아이가 언어와 세상을 좀 더 이해하게 도와주세요. 엄마가 새로운 것을 추가했을 때는 일단 반드시 '지켜보고, 기다리고, 들어주기'를 먼저 해서 우리 아이가 뭘 하는지 보고 나서 계속하세요.

스캇은 초기 언어 단계인데, 국을 끓여서 엄마에게 주려고 합니다. 엄마는 스캇이 "숟가락"과 "칼"을 말하고, 동사 "젓는다"의 뜻을 알게 하는 것을 목표로 삼고 있습니다.

엄마가 곰돌이 대신 말해주고, 곰돌이도 국을 먹으러 끼어들었습니다. 스캇은 잘됐다고 생각하고 가상놀이를 계속합니다.

| | 이해 목표 | 표현 목표 |
|---|---|---|
| **부엌 놀이 목표** | | |

| | 이해 목표 | 표현 목표 |
|---|---|---|
| **초기 언어 단계** | • 뜨거운, 열다, 닫다(오븐, 냉장고, 그릇), 썰다, 젓다(차, 수프), 오븐을 끄다(음식이 다 되면 오븐 끄기), 붓다, 섞다, 식재료니 식기류 이름(밀가루, 소금, 달걀, 숟가락, 포크) | • "섞어요", "저어요", "뜨거워요", "불어요", 음식 이름(국, 달걀, 팬케이크, 쿠키), 두구 이름(숟가락, 프라이팬, 냄비, 칼) |
| **서툰 문장 단계** | • 연속된 사건들을 소개합니다. 예를 들어, 야채를 씻고 자른 후에 냄비에 넣고, 물을 붓는 척하고, 저어주다가, 뚜껑을 닫고, 다시 저어주고, 장난감과 사람들에게 음식을 차려주면서, 뜨거워서 후후 불고, 얼마나 맛있는지 이야기합니다(엄마가 하고 아이가 구경만 하고 있는 것이 아니라, 반드시 아이가 직접 하게 해주세요)<br>• 차 끓이기, 주전자에 물을 담고, 스위치를 켜고, 티백을 컵에 넣고, "물이 끓고 있어"라고 말하면서 몇 초 정도 기다리고, 스위치를 끄고, 물을 붓고, "설탕 넣어 주세요" 또는 "우유 넣어주세요"라고 합니다.<br>• 단어를 좀 더 사용할 수 있습니다: "저어", "불어", "너무 뜨겁다", "마셔"<br>• 과거에 대해 이야기하기: 예전에 아이가 차를 마셨던 적이 있으면 그 이야기를 하세요. | • "뜨거운 차", "뜨거운 오븐", "뜨거운 국", "너무 뜨거워요", "안 뜨거워요", "국(또는 차)을 다 먹었어요", "차가 더 없어요", "설탕이 더 없어요", "국이 더 없어요", "맛있는 쿠키", "맛있는 국", "차 마셔요", "달걀 먹어요", "쿠키(또는 치킨)가 (오븐에) 들어 있어요."<br>• "＿＿＿을(를) 줄까?", "뜨거워요(또는 차다, 맛있다, 달다, 시다 등)", "＿＿＿ 더 주세요."<br>• 식품명: 야채 수프, 마카로니와 치즈, 시저 샐러드, 초밥 등 |

※ 위의 표에서 '이해' 목표는 관심 표시 단계의 아이도 언어 이해가 많이 발달한 경우에 적용할 수 있습니다.

## 부엌 놀이에 덧붙일 수 있는 아이디어

• 장난감(예: 곰돌이)을 엄마 아빠와 아이가 함께 놀고 있는 곳에서 살짝 떨어뜨려 놓으세요. 곰돌이에게 전화를 걸어 저녁 식사에 초대하세요. 그런 다음 곰돌이를 부엌으로 데리고 들어가서 아이에게 "곰돌이도 국 먹고 싶대"라고 말해 주세요. 곰돌이와 같이 저녁 식사를 합니다

• 곰돌이에게 말을 시키세요. "곰돌아, 너도 국 좋아하니?"라고 묻고, 곰돌이인 척 (목소리를 바꿔서) "나도 국 좋아해. 맛있는 국 먹고 싶어"라고 말합니다. 곰돌이가 우리 아이에게도 말하게 하세요. 예를 들면, 곰돌이 목소리로, "제이미, 맛있는 국을 끓였구나", "소금 좀 줄래"라고 덧붙이고 나서 아이가 어떻게 반응하는지 보세요.

• 전화가 온 척 받습니다. "여보세요" 하고는 "할아버지야. 할아버지가 저녁에 뭐 먹을 건지 물어보시는데?" 하면서 아이에게 전화를 건네주고 아이가 할아버지와 통화하는 척하는지 보세요. 만약 우리 아이가 무엇을 해야 할지 모르는 것 같으면, 엄마가 대답하세요. 다른 사람과 통화 중인 척하면서 그 사람에게 저녁에 뭘 먹을 건지 어떻게 얘기하면 되는지 보여주는 것입니다.

• 국을 다 먹었을 때, 우리 아이에게 같이 설거지를 하자거나 그릇을 세척기에 넣자고 제안하세요. (종이 상자로 식기 세척기를 만드세요. 상자에 칼집을 내서 아이의 그릇을 넣게 만들면 됩니다)

※ 제안한 아이디어들을 아직 아이가 전혀 이해하지 못할 수도 있습니다. 그렇더라도 아이가 흥미를 느끼면 계속해보세요. 때가 되면 아이는 엄마 아빠의 말과 행동을 이해하고 위와 같은 방식으로 가상놀이를 시작하는 날이 옵니다. 초기 언어 단계에는 훨씬 단순하게 만들어주세요.

로라는 서툰 문장 단계입니다. 엄마는 로라가 두 단어를 이어 말하는 것을 목표로 삼습니다. "맛있는 국", "국물 더"처럼요.

맛있는 국. 국 다 먹었어요.

네, 국 더 주세요.

국 더?

에고, 국이 쏟아졌네. 국이 바닥에 다 쏟아졌어. 얼른 치우자.

엄마는 국을 쏟은 척하면서 놀이를 추가합니다. 로라는 쏟아진 국물이 안 보이기 때문에 좀 혼란스럽습니다. 그렇지만 엄마가 상상의 행주로 상상의 국물을 닦는 것을 보여준다면 로라도 결국에는 아무것도 없이 말로 설명만 해도 충분히 가상놀이를 할 수 있다는 것을 아는 날이 옵니다.

### 가상놀이 2: 자동차, 트럭 등

다리, 일단정지 표지판, 주유소 및 터널을 이용해 도로를 만들어보세요. 여러 가지 다른 일을 하는 차량(소방차, 구급차, 트랙터, 굴착기, 덤프트럭, 스쿨버스)을 준비해놓으세요. 작은 상자를 사용하여 건물, 상점 및 학교를 만들고, 장난감 사람들을 더해서 이 사람들에 대한 이야기를 아이와 같이 만들어보세요. 아이를 잘 관찰해서 아이가 뭘 하고 싶어 하는지 보세요. 우리 아이는 차를 운전하는 걸 더 좋아하나요, 아니면 사람들에게 더 관심이 있나요? 아이의 관심을 따라가세요. 아이가 하는 대로 하면서 몇 가지 아이디어를 추가해 더 재미있게 만들어보세요.

| 스쿨버스 놀이 목표 | | |
| --- | --- | --- |
| | **이해 목표** | **표현 목표** |
| **초기 언어 단계** | • 차 타고 학교 가기, 정지, 자동차, 문이 열린다, 선생님, 아이들이 논다, 이따가 보자, 도시락(점심) | • "학교", "아이들", "운전하다", "정지", "선생님", "점심", "가방" |
| **서툰 문장 단계** | • **미래에 대한 이야기** - 아이가 학교에 갈 거야, 친구들과 놀 거야, 등<br>• **설명** - (이름)은 학교 안 다녀. 왜냐하면 아직 너무 어려서.<br>• **감정** - (이름)은 학교를 좋아해. 학교 가면 즐거워. | "차를 운전해", "차 타고 학교 가", "차를 세워", "잘 가", "선생님 안녕하세요?" "차 타고 집에 가요", "자동차가 달려요" |

| 구급차/병원 놀이 목표 | | |
| --- | --- | --- |
| | **이해 목표** | **표현 목표** |
| **초기 언어 단계** | 구급차, 아픈, 아픈 남자/여자, 병원에 간다, 사이렌, 의사, 주사, 좀 나았다, 약 | • "구급차", "아픈", "의사", "주사", "나았어", "약" |
| **서툰 문장 단계** | • **미래에 대한 이야기** - 구급차가 와서 아픈 사람을 데려갈 거야.<br>• **설명** - 그 사람은 아프기 때문에 병원에 갈 거야.<br>• **감정** - 그 사람은 다리가 아파서 슬퍼. | • "사람 아퍼". "구급차가 병원 가", "구급차 운전", "구급차 서", "구급차 가", "아픈 다리" |

| 자동차와 트럭으로 하는 가상놀이에 덧붙일 수 있는 아이디어 | |
| --- | --- |
| **스쿨버스** | • 아이에게 도시락이 들어 있는 가방을 주는 척합니다(종이 봉지에 넣어서 줄 수도 있습니다).<br>• 학교에 가니, "아이들"이 안녕이라고 인사합니다. 그런 다음에, 이리 와서 같이 놀자고 물어봅니다. |
| **구급차/병원** | • 포장 박스로 병원을 만듭니다.<br>• 포장 박스로 환자용 작은 침대를 만듭니다.<br>• 병원 놀이키트로 우리 아이가 의사 역할을 하면서 환자를 진찰합니다. 아이가 청진기 사용방법을 모르면 어떻게 사용하는지 보여주세요. |

아이와 같이 놀면 엄마 아빠는 아이가 배웠으면 좋을 말과 제스처를 수없이 반복해 줄 수 있는 기회가 생기고, 더 재미있게 놀 수 있는 새로운 방법을 보여줄 수도 있습니다. 놀이 시간은 2분이면 끝날 수도 있고, 20분 또는 1시간이 될 수 있습니다. 짧든 길든 시간이 얼마가 되든 간에 우리 아이는 엄마 아빠와 함께 놀면서 배울 것이 무척 많습니다!

## 우리 아이의 놀이 발달 단계

우리 아이가 아래에 나와 있는 방식으로 노나요? 얼마나 자주 그런가요? 거의 놀지 않으면 0, 가끔 놀면 1, 자주 놀면 2를 적으세요. 숫자를 다 매기고 나면 1 또는 2를 적은 활동을 다시 보십시오. 왜냐하면 그것들이 지금 우리 아이와 함께 즐길 수 있는 활동입니다. 아이의 의사소통 목표를 이 활동을 하면서 달성할 수 있습니다. 1이나 2를 적은 활동이 아니라면, 우리 아이가 지금 할 수 있는 능력을 아주 살짝 넘는 것들입니다. 하지만 시도해볼 수는 있습니다.

0점: 거의 놀지 않는다
1점: 가끔 논다
2점: 자주 논다

### 기능놀이

_____ 우리 아이는 물건을 입에 가져가고, 흔들고, 들어서 탕탕 내려친다.

_____ 우리 아이는 새로운 것을 주면 들여다보고, 짓누르고, 뒤집어 보기 등을 한다.

_____ 우리 아이는 상자나 바구니 등의 통에 물건을 집어넣거나 꺼낸다.

_____ 우리 아이는 팝업 완구나 잭-인-더-박스 같은 인과관계 장난감(버튼을 누르거나 손잡이를 당기면 인형이 나오는 식)을 가지고 논다.

_____ 우리 아이는 공을 엄마 아빠에게 건네거나, 굴리고 던지는 등의 주고받기 놀이를 한다.

_____ 우리 아이는 장난감과 물건들을 원래 만들어진 기능대로 가지고 논다. 예를 들어 자동차를 마루에 굴리면서 논다.

_____ 우리 아이는 뛰고, 올라가고, 점프한다.

**짓기놀이**

_____ 우리 아이는 건물을 짓기 위해 블록을 차곡차곡 쌓는다.

_____ 우리 아이는 퍼즐을 잘 맞춘다.

_____ 우리 아이는 찰흙을 가지고 놀면서 뭔가 만들어낸다.

_____ 우리 아이는 무엇을 만들려고 레고를 조립한다.

_____ 우리 아이는 헝겊, 판지, 두꺼운 종이나 마른 파스타와 같은 재료를 가지고 가위와 풀을 이용해서 무언가를 만들어낸다.

**가상놀이**

_____ 우리 아이는 실제 물건과 비슷한 장난감 물건을 가지고 가상놀이를 한다. 가상놀이는 혼자만 한다. 예를 들어, 장난감 컵으로 음료수를 마시는 척하고, 장난감 전화를 받는 척한다.

_____ 우리 아이는 한 번에 한 가지의 가상행동을 하는데, 그 행동은 다른 사람이나 장난감을 향한다. 예를 들어, 엄마에게 장난감 전화를 받게 하거나, 곰인형에게 당근을 먹여주는 척한다.

_____ 우리 아이는 똑같은 가상행동을 여럿(사람이나 장난감)에게 한다. 예를 들어, 마실 것을 인형에게 주고, 엄마에게도 주고, 곰돌이에게도 준다.

_____ 우리 아이는 엄마 아빠가 하는 집안일들을 하는 척한다(바닥쓸기, 요리, 빨래 등).

_____ 우리 아이는 자기에게 하던 두 가지 다른 행동을 결합한다. 예를 들어 장난감 컵에 음료수를 붓는 척한 다음, 마시는 척한다.

_____ 우리 아이는 자신이 다른 사람이나 장난감에게 했던 두 개 이상의 다른 행동을 합한다. 예를 들어, 곰돌이에게 밥을 먹이고, 그 다음에 곰돌이에게 뽀뽀를 하고, 그런 다음 곰돌이를 재운다.

_____ 우리 아이는 장난감이나 물건이 마치 전혀 다른 것인 양 사용한다. 예를 들어 빗자루가 말이고, 커다란 포장 상자는 자동차다.

_____ 우리 아이는 물건 없이도 가상놀이를 한다. 예를 들어, 손에 아무것도 없으면서도 아이스크림을 먹는 척한다.

# Chapter 8

# 함께 책을 읽어요

갔네. 새가 다 가버렸네.

**책** 은 아이들에게 새로운 세상을 열어줍니다. 엄마 아빠가 책을 읽어주는 동안 우리 아이의 마음이 커지고 자라납니다. 아이와 같이 책을 읽으면 즐겁습니다. 두 사람이 바싹 붙어서 재미있는 시간을 함께 보내는 것도 큰 즐거움입니다. 이 장에서는 아이와 함께 책을 읽으면서 말을 배우도록 엄마 아빠가 도와줄 수 있는 방법을 배웁니다. 아이가 크면 읽기와 쓰기를 배울 텐데, 읽기와 쓰기 능력의 기초를 잡아줄 쉬운 방법 또한 몇 가지 배웁니다.

## 책이 좋은 점

책 읽기는 엄마 아빠와 아이에게 특별한 시간입니다. 아이와 부모가 함께 친밀감을 즐기는 시간입니다. 그렇지만 무엇보다도 책은 우리 아이를 세상과 연결해줍니다. 책은 아이를 흥미로운 장소나 상황 속으로, 전혀 본 적이 없는 여러 곳에 데려가 아이가 알고 있는 세상과 새로운 세상을 서로 연결해줍니다.

"난 할 수 있어. 할 수 있어. 할 수 있을 거야."

브라이언은 《넌 할 수 있어, 꼬마기관차》에 빠져듭니다.

말과 달리 책은 언제든지 읽고 또 읽을 수 있어 좋습니다. 말은 우리가 말을 마치자마자 사라져버리지만 책에 나오는 글이나 그림, 이야기는 다시 펼쳐서 읽을 때마다 언제나 그대로 있으니까요. 그래서 우리 아이가 새로운 말이나 생각을 훨씬 편하게 배웁니다.

일찍부터 우리 아이에게 책을 읽어주고 이야기를 들려주기 시작할수록 아이에게도 책 읽기가 중요해지고, 즐기고 좋아하는 일이 됩니다. 아이에게 큰 소리로 책을 읽어주세요. 크게 읽어주는 것이 중요한 이유는 우리 아이가 읽는 법을 배우는 데 필요한 지식을 엄마 아빠가 다져줄 수 있기 때문입니다. 매일 책을 읽을 기회를 만드세요. 병원에서 기다릴 때, 버스에서, 차에서, 장보러 갈 때 등 어디를 가든지 책을 가지고 가세요. 목욕하면서도 볼 수 있는 플라스틱이나 비닐로 된 책도 있습니다.

머지않아 브라이언이 기차를 탈 기회가 생기면, 엄마는 "꼬마기관차" 이야기를 브라이언에게 상기시켜줄 것이고, 브라이언은 책에서 본 기차와 실제 기차를 연결할 수 있게 됩니다.

# 책 읽기를 대화로 바꿔보세요

의사소통 단계에 관계없이 우리 아이와 함께 책을 읽을 때 다음을 기억하세요

- 마주 보기
- '지켜보고, 기다리고, 들어주기' 하고, 아이가 자기 방식으로 "읽게" 놔두기
- 아이에게 자기 차례를 가질 기회주기
- 책에 나오는 단어 바꾸기
- 네 가지 원칙 — 짧게 말하기, 강조하기, 천천히 읽기, 보여주기
- 반복, 반복, 반복

- **마주 보기**: 아이와 책을 함께 읽을 때는 가까이 앉고, 서로의 얼굴을 볼 수 있도록 하는 것이 중요합니다. 책 한 권을 같이 보면서 마주 보고 읽기가 처음에는 좀 어렵겠지만, 할 수 있는 방법을 찾는 것이 중요합니다. 이 장에 나오는 그림들을 통해서 몇 가지 방법을 볼 수 있습니다.

- **'지켜보고, 기다리고, 들어주기' 하고, 아이가 자기 방식으로 "읽게" 놔두기**: 책을 읽는 시간은 대화를 하는 시간입니다. 책을 읽는 시간은 가만히 앉아서 이야기를 듣기만 하는 시간이 아닙니다. 책 읽기가 우리 아이에게 정말로 유익하려면 아이가 적극적으로 참여해야 합니다. 할 수만 있다면 아이가 책을 고르고, 책을 읽는 동안 들고, 책의 페이지를 넘기게 하세요. 일단 여러분이 한 페이지를 읽어주고 그림도 보여주고, 그 페이지를 볼 시간을 아이에게 주면서 아이가 무슨 말이나 행동을 할지 기다려보세요. 아이가 특별히 관심을 보이는 페이지는 시간을 좀 더 주세요. 책을 읽어줄 때는 아이가 단 몇 분도 못 앉아 있을지도 모릅니다. 그렇지만 만일 아이가 그 책을 자기 방식으로 "읽게" 놔 둔다면, 엄마 아빠와 같이 책 읽기를 더 좋아하게 되고, 아이는 점점 더 오랫동안 앉아 있고, 책을 더 자주 볼 것입니다.

## 책을 읽는 데는 한 가지 방법만 있는 것이 아닙니다

- 꼭 첫 페이지부터 시작할 필요가 없습니다.
- 페이지를 건너뛰고, 끝까지 읽지 않아도 됩니다.
- 그림만 보면서 이야기하고 글자를 읽지 않아도 됩니다.
- 내용을 바꿀 수도 있습니다.
- 같은 책을 읽고 또 읽고 해도 됩니다. 한 자리에서 몇 번을 읽기도 합니다.

- **아이에게 자기 차례를 가질 기회주기:** 아이에게 책을 읽어주면서, 의사소통을 엄마나 아빠 혼자서만 하면 안 됩니다. 읽는 내내 우리 아이에게도 차례를 할 기회를 주세요. 책 읽기를 마치 엄마 아빠가 아이에게 무엇을 해주는 시간이라고 생각하지 마세요. 여러분과 아이가 함께하는 시간이라고 생각하세요.

새가 날라갔어.
안녕, 새야.

엄마는 책에 나온 단어를 바꾸고, 그레이엄이
이해할 수 있도록 제스처도 곁들입니다.

- **책에 나오는 단어 바꾸기:** 책에 있는 단어를 마음대로 바꾸고, 엄마 아빠가 쓰는 쉬운 말로 이야기해주세요. 모든 아동 도서가 다 잘 쓰여진 것은 아니며, 너무 어려운 말을 써서 아이가 이해하지 못할 때도 있습니다. 우리 아이가 쉽게 이해하고, 엄마 아빠가 편하게 반복할 수 있는 단어로 바꾸세요. 많이 들은 말일수록 아이가 이해도 잘하고, 따라 해보려고 시도할 가능성이 높습니다.

- **네 가지 원칙 – 짧게 말하기, 강조하기, 천천히 읽기, 보여주기:** 책을 읽을 때 짧게 말하는 것이 더 낫습니다. 익숙한 어휘와 짧은 문장을 사용하면 아이가 더 쉽게 배우고 더 잘 이해합니다. 중요하거나 재미있는 말을 **강조**하고, 아이가 즐길 수 있는 음향 효과를 덧붙여 주세요. 동물이나 자동차 소리 같은 것 말입니다. 등장하는 캐릭터마다 다른 목소리를 내고, 얼굴 표정이나 액션을 더해서 정말 흥미진진하게 만들어주세요. **천천히** 읽으면 우리 아이가 이야기에 나오는 말을 이해하기 쉽고, 아이가 차례를 가질 시간도 주게 됩니다. **보여주고** 읽어주면서 내용에 해당하는 그림을 손으로 짚어서 무슨 뜻인지 알려주고, 액션이나 제스처로 보여주세요. 장난감이나 물건들을 활용해서 이야기를 생생하게 만들어주세요. 예를 들어 만일 이야기 속에서 공이 나온다면, 공을 가까이 갖다 놨다가 서로 굴리고 던지고 해보세요. 마치 책 속의 인물들처럼요.

- **반복, 반복, 반복:** 아이들은 같은 이야기를 듣고 또 들어도 좋아합니다. 엄마 아빠는 진작에 싫증이 났을지 모르지만요. 아이에게 이야기를 읽어줄 때마다 엄마 아빠는 똑같은 말이나 문장을 반복할 기회가 생깁니다. 그런데 우리 아이는 여러 번 듣기만 해서는 충분하지 않습니다. 특히 우리 아이가 초기 언어 단계나 서툰 문장 단계라면 엄마 아빠가 읽어준 것에 대해서 우리 아이가 이야기도 해봐야 하고, 단어를 따라 해볼 기회도 필요합니다. 책에 나온 것들을 말해볼 기회를 많이 주고, 엄마 아빠가 꾸준히 반복하면서 많이 들려줄수록 우리 아이의 어휘가 풍부해집니다.

## 직접 책을 만들어보세요

아이들은 집에서 만든 책을 제일 좋아하는 경우가 많습니다. 집에서 만든 책에는 아이에 대한 내용으로 꽉 차 있고, 함께 만들 수 있기에 더 특별합니다. 책 만들기로 아이가 엄마 아빠와 의사소통하고 차례 갖기를 할 수 있는 더없이 좋은 기회를 만들어보세요. 책에 사진을 붙이고 옆에 몇 마디씩 쓰면서, 뭐라고 썼는지 아이에게 말해주세요. 한 발 더 나가서 사진 옆에 뭘 쓸까 아이에게 물어보세요. 다음 세 가지는 집에서 만들기에 좋은 책 종류입니다.

- **우리 아이가 좋아하는 것들이 들어 있는 그림책:** 엄마 아빠와 함께 만든 책에 자신이 좋아하는 사람, 동물, 장난감 또는 놀이 활동이 들어 있다면 아이는 확실히 관심을 가질 것입니다. 특히 아이가 아직 그림을 잘 인식하지 못한다면, 사진을 사용하는 것이 훨씬 좋습니다. 만약 우리 아이가 잡지나 카탈로그에 나오는 사진이나 그림을 보고 뭔지 알아본다면, 그것을 사용하세요. 책에 제목을 붙이고 표지에 쓰세요. 예를 들어, 《하니파가 좋아하는 것들》.

- **인터랙티브 북:** 마분지로 접힌 부분을 펼쳐서 볼 수 있는 플랩북을 만들어보세요. 접힌 곳 밑에 흥미로운 그림을 숨겨 놓습니다. 또는 우리 아이가 다양한 질감을 만져볼 수 있도록 울, 사포 또는 솜 등을 가지고 촉감책을 만드세요.

- **특별한 추억을 담은 사진책:** 동물원 갔던 날, 강아지가 새로 온 날, 명절 등 가족 행사 때 찍은 사진 8~10장 정도를 작은 앨범에 담으세요. 만약 이 사진들을 아이가 알아본다면 사진을 보면서 이야기를 듣는 것을 좋아할 것입니다. 특히 자기 얘기라면 더욱 그렇겠지요. 만약 우리 아이가 초기 언어 단계나 서툰 문장 단계라면 여러분에게 이야기를 들려주려고 아이가 먼저 이야기를 시작할지도 모릅니다.

하니파는 자신의 생일파티 책을 보면서 그날에 대해 이야기하는 것을 좋아합니다.

## 각 단계에 따라 책 읽는 방법이 다릅니다

우리 아이가 말을 얼마나 이해하는지에 따라 책을 읽어주는 방법도 다릅니다. 11~13쪽의 〈우리 아이 의사소통 발달 단계〉로 돌아가서 우리 아이의 이해 수준을 확인하세요(표현 수준이 아닙니다!). 예를 들어 우리 아이의 이해가 초기 언어 단계에 있지만 표현은 관심 표시 단계에 있는 경우, 초기 언어 단계에 적합한 책을 선택하세요. 초기 언어 단계의 책을 사용하여 아이의 언어 이해를 계속해서 키워 나가는 것이 필요합니다. 표현 목표는 계속 관심 표시 단계 수준에 있을 것입니다.

### 반사적 반응 단계의 아이와 함께 책 읽기

언제 우리 아이에게 책을 소개해주면 좋을까요? 빠르면 빠를수록 좋습니다. 아이가 책을 입으로 가져갈 가능성이 많지만 그렇다고 해도 우리 아이는 책을 통해 엄마 아빠와 생긴 상호작용을 좋아할 것입니다. 책에 나오는 글이나 그림을 아직 이해하지 못하므로, 재미있는 장난감도 될 수 있는 보드 책이나 플라스틱 책을 고르세요.

- 색상이 밝고 컬러풀한 사진이나 사람, 익숙한 물건, 자주하는 행동이 그려진 책
- 라임, 리듬, 반복되는 문장이나 간단한 문장으로 된 책
- 인터랙티브 책(버튼을 누르면 소리가 나고, 덮개를 열어 다양한 촉감을 느낄 수 있는 책)

그건 토끼 꼬리야.
꼬리가 예쁘고 부드러워.

마주 앉아 아이의 얼굴을 보면서 책을 보여주세요. 아이의 관심을 끌만한 부분을 보여주세요. 차 옆에 있는 버튼을 누르고 "띠띠띠띠"라고 말하거나, 밝은 색이 눈에 띄는 강아지가 그려진 페이지를 펴서 "강아지 봐. 강아지가 멍멍 짓는다"고 말해주세요. 그런 다음에 아이를 잘 보면서 기다리세요. 아이가 뭘 하는지 보세요. 아이의 관심사를 따라가세요. 만일 아이가 소리를 내면 소리를 따라 하세요. 만약 아이가 그 책을 집어 들고 입으로 가져가거나, 책을 잡아당기면, 지금 아이가 하고 있는 행동을 말로 해주세요. "냠냠, 책을 먹고 싶구나!"라고 말입니다. 만일 아이가 촉감책에서 어느 부분이나 그림을 보면, 손가락으로 아이가 보는

빅토리아는 촉감책에서 부드러운 토끼 꼬리가 나오는 페이지를 좋아합니다. 그래서 엄마는 빅토리아가 토끼 꼬리를 만져보는 동안 꼬리에 대해 이야기합니다.

것을 짚으면서 이름을 말해주세요. 그런 다음 아이가 행동이나 소리 등 무엇인가 다른 것을 할 때까지 기다리세요. 어떤 것이든 아이가 반응을 하면 아이는 자기 차례를 한 것입니다. 이제는 엄마 아빠의 차례입니다. 책의 다른 부분을 아이에게 보여주세요. 이런 식으로 차례 갖기를 계속하세요.

## 관심 표시 단계의 아이와 함께 책 읽기

이제 우리 아이가 이해하는 단어도 좀 생기고 사진도 좀 알아보기 때문에, 책 읽어 주기가 부모나 아이에게 전보다 더 즐거운 일이 됐습니다. 아마 좋아하는 책도 몇 권 생겨서, 아이가 읽고 또 읽어달라고 할 것입니다.

다음은 관심 표시 단계의 아이에게 읽어주기 아주 좋은 책 종류입니다.

- **두꺼운 보드북:** 아이가 손으로 넘기기 쉬워 좋습니다. 샌드라 보인턴의 《Dinosaur Dance!》
- **라임, 리듬, 반복이 있는 짧은 책:** 빌 마틴 주니어의 《갈색 곰아, 갈색 곰아, 무엇을 보고 있니?》, 마거릿 와이즈 브라운의 《잘 자요, 달님》, 헬렌 옥슨버리의 《Ten Little Fingers and Ten Little Toes》, 안나 클라라 티돌름의 《두드려 보아요!》
- **색이 밝고 실물과 똑같은 사람(특히 어린이), 동물, 일상적인 물건들과 일상생활(목욕 시간, 취침 시간, 식사 시간 등)이 나오는 책:** 닐 릭클린의 《Mommy and Me》, 바르샤 바자즈의 《잘 자라 우리 아기, 엄마 아빠 품에서 뽀뽀뽀》, 헬렌 옥슨버리의 《Big Baby Book》, 문승연의 《냠냠냠 쪽쪽쪽》
- **인터랙티브 책:** 피오나 와트의 《이건 우리 강아지가 아니야》, 레이몬드 브리그스의 《눈사람 아저씨(사운드북)》, 에릭 힐의 《스팟이 어디에 숨었나요?》, 타이거 테일의 《Noisy Farm》, 로드 캠벨의 《안녕, 내 친구!》, 니나 레이든의 《Peek-a Who?》, 피오나 와트의 《이건 우리 토끼가 아니야》, 척 머피의 《깜짝깜짝! 색깔들》
- **동요책 또는 라임이나 "거미가 줄을 타고 올라갑니다" 같은 손가락 놀이가 있는 책**
- **집에서 만든 우리 아이의 사진이 들어 있는 책**
- **글자 없는 그림책:** 알렉산드라 데이의 《Good Dog, Carl》, 페기 래드맨의 《Good Night, Gorilla》, 류재수의 《노란 우산》

※ 한국에 출간된 도서는 번역된 제목으로 소개했으며, 미출간 도서는 원서명을 그대로 적어두었습니다. 또한 미출간 도서가 많아, 한국에 이미 출간된 도서 중 적합한 도서를 추천받아 추가로 소개하였습니다. (편집자주)

### 관심 표시 단계의 아이와 책을 읽으며 차례 갖기를 해봐요

우리 아이가 관심 표시 단계라면 천천히 읽어주세요. 아이가 아직 단어의 뜻을 잘 모른다는 것을 명심하세요. 관심 표시 단계에서는 그림에 아주 관심이 많으므로 말할 때 그림을 짚으면서 이야기하세요. 아이가 배워야 할 단어들을 반복하고 강조하세요. 규칙적으로 잠깐 멈춰보세요. 방금 엄마 아빠가 읽어준 페이지에 나온 그림에 대해 아이가 무엇인가 말할 기회를 주세요. 반약 엄마 아빠가 기대하는 표정을 짓고 기다리고 있으면 아이가 관심 있는 것을 손가락으로 가리키거나 소리를 낼 것입니다. 우리 아이의 관심사를 따라가고, 아이가 내는 소리나 제스처를 해석해준 다음에 간단하게 코멘트를 더하세요.

가끔 아이에게 질문도 한 번씩 해보세요. 단, 우리 아이가 자기 나름의 방식(예: 손가락으로 가리키거나 고개를 끄덕이거나 가로젓는 등)으로 대답을 할 것이라는 확신이 든다면 말입니다. 그렇지만 질문을 너무 많이 하면 안 됩니다. 책을 읽는 시간은 차례를 갖는 시간이자 즐겁게 노는 시간입니다. 엄마 아빠가 질문을 너무 많이 하면, 아이는 점점 재미없어진다는 사실을 명심하세요.

애덤은 강아지가 숨는 이야기 책을 좋아합니다. 이 책을 읽을 때, 아빠는 애덤이 숨겨진 페이지 밑에서 강아지를 찾았다고 할 때까지 기다립니다.

이 책을 하도 많이 봐서 이제 애덤은 강아지가 어떻게 짖는지 아빠에게 말해줄 수 있습니다.

아빠는 재미 삼아 몇 주 전부터 이야기에 '쓰다듬다'라는 단어와 쓰다듬는 동작을 추가해 계속 반복했습니다. 이제 애덤은 아빠가 쓰다듬자고 말하면 강아지를 쓰다듬어 줍니다.

**관심 표시 단계에서 책 읽기 목표는 이렇게 정하세요**

관심 표시 단계의 아이와 책을 읽으면서 달성할 목표를 정할 때 **가장 먼저 알아야 할 것은 우리 아이가 이 책을 왜 좋아하는지**입니다. 예를 들어 헬렌 옥슨버리의 《꽈당》에서 아이들은 그저 뛰고, 먹고, 넘어지고, 놉니다. 우리 아이가 이 책을 좋아하는데, 가만히 보니 책에 나오는 행동을 따라 하기 좋아하는 것임을 알았습니다. 그럼 이제 우리 아이의 이해 목표는 이 책에 나오는 '뛴다', '넘어진다', '잔다' 등의 동사를 이해하는 것입니다.

우리 아이에게 '뛴다'는 단어를 가르쳐주려면 책에 아이들이 침대에서 뛰는 장면이 나오면 그 단어를 강조해서 읽어주세요. 단어를 강조하고, 천천히 말하고, 반드시 반복해주세요. "아이들이 침대에서 **뛴다**, 뛴다, 뛴다!" '뛴다'는 말이 무슨 뜻인지 보여주기 위해, "**뛴다**"고 말하고 아이를 데리고 뛰어보세요. 그리고 아이와 뛰면서 "**뛴다**"라는 말을 또 하세요.

이제 그 단어를 다른 상황, 특히 우리 아이가 관심을 가지는 상황에서 사용해야 합니다. 예를 들어, 뛰어가는 아이들이나, 개가 공을 잡으려고 뛰어갈 때, 또는 말이 울타리를 뛰어넘는 그림 등을 아이가 볼 때 손으로 가리키세요. 일단 엄마 아빠가 강조하고 반복하고 있는 단어를 아이가 이해한 다음에 계속 사용해서 언젠가 때가 되면 아이가 따라 할 수 있도록 해주세요.

아빠의 목표는 로버트가 "에고"를 따라 하고, "넘어진다"를 이해하는 것입니다. 아기가 넘어지는 그림을 로버트가 자세히 보고 있는 순간에, 아빠가 "에고", 아기가 "넘어진다"고 말합니다.

아빠는 '넘어진다'는 말이 무슨 뜻인지 로버트에게 보여주려고 이야기에 재미를 보탭니다. 그리고 로버트가 아빠의 행동을 따라 합니다.

"에고"를 꽤 많이 들었더니, 이젠 로버트가 따라 합니다.

언어 표현 목표를 달성하는 성공의 열쇠는 반복입니다. 예를 들어, 우리 아이의 표현 목표가 아기가 자고 있는 그림을 보면 "쉬"라고 말하는 것이라면 우선 잠자는 아이가 나오는 책을 여러 번 읽어줘야 하고, 그림이 나올 때마다 손가락을 입술에 가져다 대면서 "쉬"라는 소리를 들려줘야 합니다. 그런 다음, 그 페이지가 나오면 엄마 아빠가 먼저 "쉬" 하고, 혹시 아이가 따라 하는지 기다려보세요. 만일 하지 않으면, "쉬" 소리와 제스처를 한 번 더 하고 지나가세요. 그리고 아이가 "쉬" 소리를 따라 할 수 있게 되면, 아이 혼자서 "쉬"라고 말할 기회를 주세요. 아기가 자고 있는 페이지에서 손가락을 입술에 대고 기대하는 표정으로 아이를 쳐다보세요. 그리고는 아이가 "쉬" 하는지 보세요. 아이가 안 하면, 엄마 아빠가 대신 말하고 계속 읽어줍니다. 아이가 하고 안 하고 보다 더 중요한 것은 이런 상호작용 속에서 우리 아이가 즐거워야 한다는 것입니다.

## 초기 언어 단계의 아이와 함께 책 읽기

초기 언어 단계의 아이는 책을 알아가고 있는 중입니다. 책을 제대로 들고 페이지를 넘깁니다. 재미있는 말, 리듬, 소리가 나오는 책을 즐깁니다. 엄마 아빠가 읽어주는 중간에 말을 따라 하기도 하고, 그림을 보며 이름을 말하는 것을 좋아합니다. 짧은 이야기를 잘 따라가고, 똑같은 이야기를 듣고 또 듣기를 좋아합니다.

초기 언어 단계에는 읽어줄 만한 책이 훨씬 더 많아지고, 아이가 좋아할 만한 책의 종류도 훨씬 더 다양해집니다. 관심 표시 단계에서 좋아했던 책들도 여전히 좋아하겠지만, 같은 책을 관심 표시 단계보다 더 잘 이해할 뿐 아니라, 책 내용에 대해 이야기도 할 수 있습니다. 새롭고 흥미로운 책을 읽어주는 것이 중요합니다. 비록 우리 아이가 지금 당장은 이해하지 못할 단어와 아이디어가 있을지라도 말입니다. 시각적 도우미를 쓰고 자꾸 반복하면 이해하는 날이 옵니다. 다음은 초기 언어 단계의 아이에게 읽어주기 아주 좋은 책 종류입니다.

- **단순한 그림과 사진이 컬러로 나오는 견고한 책**
- **재미있는 라임과 리듬이 반복되는 책:** 빌 마틴 주니어의 《갈색 곰아, 갈색 곰아, 무엇을 보고 있니?》, 빌 마틴주니어와 존 아캠볼트의 《치카치카 붐붐》, 닥터 수스의 《Mr. Brown Can Moo!》, 알 퍼킨스의 《Hand, Hand, Fingers, Thumb》, 찰스 푸지의 《나는 코뿔소랑 친해요》, 산드라 보인턴의 《Dinosaur Dance!》, 마더 구스 전집, 다다 히로시의 《사과가 쿵!》
- **인터랙티브 책:** 에릭 힐의 《스팟의 촉감 놀이책》, 자넷 앨버그와 앨런 앨버그의 《PEEk-A-BOO!》, 《Each Peach Pear Plum!》, 로드 캠벨의 《안녕, 내 친구!》, 피오나 와트의 《이건 우리 강아지가 아니야》, 니나 레이든의 《Peek-A Who?》, 최숙희의 《열두 띠 동물 까꿍 놀이》, 한은영의 《발바닥이 간질간질》

- **테마 책:** 로저 프레디의 《Happy Baby Animals》, 헨리에타 스틱랜드의 《공룡들이 으르렁》, 헬렌 옥슨버리의 《간질간질》, 셰리 두스키 링커의 《Goodnight, Goodnight, Construction Site》
- **짧고 쉬운 동화책:** 알렉산드라 데이의 《Good dog, Carl》(글자 없는 책), 레이먼드 브리그스의 《눈사람 아저씨》(글자 없는 책), 와티 파이퍼의 《넌 할 수 있어, 꼬마 기관차》, 존 버닝햄의 《The Blanket》, 버지니아 밀러의 《이제 자야지!》, 모 윌렘스의 《비둘기에게 버스 운전은 맡기지 마세요!》
- **가족 앨범 및 사진을 활용해 집에서 만든 책**

### 초기 언어 단계의 아이와 책을 읽으며 차례 갖기를 해봐요

초기 언어 단계의 아이가 단지 여러분이 읽어 주는 것을 듣기만 하면서 배운다라고 생각하면 안 됩니다. 이제 아이는 책에 나온 것을 여러분에게 이야기하면서 훨씬 많이 배웁니다. 아이가 생각하고 의사소통을 할 기회를 갖게 하려면 절대로 서두르지 마세요. 매 쪽마다 읽고 나서 멈추고 아이를 지켜보세요. 아이가 보고 싶은 만큼 오래오래 보게 놔두세요. 기다리면서 아이가 무슨 말이나 행동을 하는지 지켜보세요. 우리 아이가 말, 제스처 또는 소리로 뭔가에 관심을 나타내면 아이의 관심사를 따라가세요. 그리고 그것에 대해서 아이의 관심이 줄어들 때까지 이야기하세요.

책을 세상과 연결하는 다리로 활용해서 우리 아이의 이해력을 길러주세요. 책에 나오는 것들이 바로 세상의 일부라는 것을 보여주세요. 예를 들어 아이가 보는 책에서 병원에 가는 이야기가 나왔는데 실제로 아이가 병원에 갈 일이 생겼다면 그때가 바로 책에 나오는 의사와 실제 세상에 있는 의사를 연결시킬 기회입니다.

우리 아이가 학교에 가서 세상에 대해 배우려면 **학습언어**language of learning라고 불리는 보다 복잡한 종류의 언어에 익숙해져야 합니다. 학습언어란 두 가지를 비교하거나 대조하고, 감정을 묘사하고, 설명을 제공하고, 가장하고 상상할 때 사용하는 언어입니다. 엄마 아빠가 사용하는 것을 듣고 아이는 학교에 가기 훨씬 전부터 이런 종류의 언어를 배우는데, 특히 학습언어 배움의 기회가 책을 읽을 때 생겨납니다. 아래에 나오는 몇 가지 제안은 우리 아이가 학습언어를 이해하도록 도와줄 수 있는 방법입니다. 아이에게 책을 읽어주면서 다음에 나오는 종류의 말을 해보세요. 그렇지만 한 번에 너무 많이 하지는 말고 한두 가지씩만 사용하세요.

- **과거에 일어난 일에 대해 이야기하기:** "의사 선생님이 귀를 들여다봤지." (도구를 들고 아이의 귀를 들여다보는 척하세요.)
- **미래에 무슨 일이 일어날지 이야기하기:** "아빠 병원에 갈 거야. 의사가 내 눈을 진찰할 거야." (자신의 눈을 가리키면서 말하세요.)

- **설명, 비교, 대조하기**: "귀가 아팠어. 그런데 지금은 좀 나아졌어."
- **감정에 대해 이야기하기**: "주사 맞기 싫어서 무서웠구나." (두려운 표정을 지으세요.)
- **이유를 말하고, 설명하기('왜냐하면' 사용)**: "의사가 약을 줬어. 왜냐하면 네 귀가 아프기 때문이야." (약병을 보여주고 아이의 귀를 가리키세요.)
- **상상하며 이야기하기**: "아기 귀가 아픈가?" (아이에게 인형의 귀를 살펴보라고 해보세요.)

비록 아이가 엄마 아빠가 말하는 것을 다 이해하지 못하더라도 아이에게 학습언어를 가르치는 것은 매우 중요합니다. 이해하기까지는 언제나 시간이 걸립니다.

아빠는 소피아가 병원에 갔던 과거의 일을 얘기하면서 "귀"라는 단어를 여러 번 반복합니다.

아빠는 귀가 아픈 척(상상하며 이야기하기)해서 놀이를 재미있게 이끌며, 소피아가 뭔가 할 수 있는 상황을 만듭니다.

아빠는 학습언어를 사용해서 소피아에게 책과 실제 세상을 연결시켜줍니다. 소피아는 지금 배우고 있는 줄 모르겠지만 많은 것을 배우고 있습니다. 단지 재미있는 상호작용을 즐기는 중인데 말입니다.

《넌 할 수 있어, 꼬마 기관차》, 《생강빵 아이》, 《아기 돼지 삼형제》 등은 학습언어를 배우기에 좋은 이야기입니다. 엄마 아빠가 읽어준 이야기를 들으면서 아이들은 자신이 경험한 일이나 자신에 대해 이야기하는 방법을 배웁니다. 우리 아이가 이야기를 몇 번 들은 다음에는 끼어들고 단어를 채울 수 있게 됩니다. 예를 들어 "달리자, 달리자, 빨리 달리자! 누구도 날 잡지 못해. 나는야, 생강빵"까지 엄마 아빠가 하면 아이가 "아이!"를 말합니다. 이야기책을 읽을 때마다, 잠깐잠깐 멈춰서 아이가 끼어들어 단어를 채우고 스토리를 말할 기회를 주세요.

### 초기 언어 단계에서 책 읽기 목표는 이렇게 정하세요

초기 언어 단계에는 이해하는 것에 대해서만 말하므로 이해하는 단어와 생각의 범위를 넓혀주는 것이 주요 목표입니다. 자기가 좋아하는 책에 나오는 단어를 우리 아이가 말하는 것을 본 적이 있을 것입니다. 따라서 의사소통 목표는 우리 아이가 어떤 책을 좋아하는지, 우리 아이가 어떤 이야기를 하고 싶어 하는지에 따라 다릅니다.

예를 들어 우리 아이는 《스팟이 어디에 숨었나요?》를 읽을 때 스팟이 어디에 있나 보려고 덮여 있는 종이를 열어보는 것을 너무 좋아합니다. 그러면 이제 의사소통의 목표를 세울 수 있는 완벽한 기회가 생겼습니다. "스팟이 어디에 숨었나요?"처럼 장소를 묻는 질문을 아이가 이해하고 대답하는 것을 목표로 정합니다. 먼저 "몰라"라는 대답을 따라 하게 해보세요. 그리고 나서 바구니에 들어 있는 스팟을 찾은 다음에는 "바구니 속에"라고 말해줍니다. 또 다른 목표는 네/아니오 질문에 대답하는 것입니다. "침대 밑에 있니?" "아니." "계단 밑에 있니?" "아니." 일단 우리 아이가 이런 질문을 이해하고 대답할 수 있게 되면 아이가 스스로 질문을 하려고 할지도 모릅니다. 예를 들어 "침대 밑에 있을까?"라는 뜻으로 "침대?"라고 말입니다.

스캇은 농장에 사는 동물이 그려진 그림책을 보는 것을 좋아합니다. 그래서 엄마의 목표는 스캇이 동물의 이름을 말하고 동물 소리를 내는 것입니다.

엄마가 스캇에게 여러 번 읽어주니까 이제
스캇은 쉽게 다음 말을 할 수 있습니다.

《스팟이 어디에 숨었나요?》와 같은 책을 읽으
면서 위, 아래 등의 위치를 나타내는 단어를 학
습할 수 있습니다. 아이가 이해할 때까지 이 위
치 단어를 다른 상황에서도 많이 사용해주세요.
일단 아이가 그 말을 이해하고 나면 아이는 그
것들을 말해보려고 할 텐데, 특히 엄마 아빠가
그 단어를 먼저 말하고 기대하는 표정으로 기다
리고 있으면 아이도 말해보려고 할 것입니다.

### 서툰 문장 단계의 아이와 함께 책 읽기

서툰 문장 단계에서는 단어와 아이디어를 꽤 많이 이해할 수 있습니다. 좀 더 복잡한 이
야기를 우리 아이가 이해할뿐더러 좋아하고, 이야기에 나오는 등장인물과 사건에 대해
서도 말할 수 있습니다. 또한 공룡이나 반려동물 등에 흥미를 갖고 그 책을 좋아할지도
모릅니다. 이제 우리 아이는 훨씬 더 적극적인 역할을 하면서 책을 읽고, 꽤 오랫동안
앉아서 엄마 아빠와 책으로 소통할 수 있습니다. 태릭과 엄마가 하듯이, 우리 아이도 책
에 나온 이야기를 연기하며 즐거워하게 될 것입니다.

태릭은 필립 디 이스트먼이 지은《우리 엄마 맞아?》라는 책을 아주
좋아합니다. 그래서 엄마는 이 책을 가지고 태릭과 연극하면서 내
용을 더욱 생생하게 만듭니다. 물론 교대로 차례 갖기도 하면서요.

엄마는 태릭과 책 내용을 연극으로 만들어 놀면서 책에 나온
질문을 태릭이 제대로 할 수 있도록 도와줍니다.

아이의 세상과 아이가 배우고 있는 세상 사이를 연결하고 있는 다리가 바로 책이라고 생각하세요. 다음은 여러분에게 도움이 될 몇 가지 제안입니다.

- **책을 통해 새로운 생각을 소개해주세요.** 예를 들어 공룡에 대한 책을 아이에게 읽어주었다면 어느 날 아이가 박물관에 갔다가 공룡의 뼈를 봤을 때 아이는 이미 공룡에 대해 몇 가지 생각을 갖고 있기 때문에 박물관에서 보고 듣는 것을 훨씬 잘 이해할 수 있습니다. 그런 다음에 집에 돌아와서 다시 엄마 아빠와 같이 공룡 책을 읽으며 이야기하면 아이는 할 얘기가 훨씬 더 많을 것입니다. 또 이 주제에 대해 더 관심이 생겼기 때문에 엄마 아빠와 이야기하면서 배울 것도 훨씬 많아집니다. 아이가 실제로 보거나 해보지 않은 것들도 책으로 소개해보세요. 예를 들어 로켓을 타 본다거나 낙타를 타는 것 같은 것들이요. 이렇게 쌓은 지식은 아이가 나중에 학교에 갔을 때 아주 유용하게 사용할 것입니다.

- **책을 통해 아이의 경험에 지식을 더해주세요.** 책은 우리 아이가 이미 알게 된 정보 위에 지식을 더해줄 수 있습니다. 만약 우리 아이가 동물원에 가서 본 북극곰에게 매료된다면, 북극곰에 대한 책을 사서 아이에게 읽어 주세요. 책에 있는 곰들과 동물원에서 본 곰들에 대해 이야기하세요. 그 책은 우리 아이가 경험한 곰과 아직 알지 못한 곰에 대한 새로운 것들을 연결하는 다리 역할을 해줄 것입니다.

- **책을 통해 해보지 않은 일이나 어려운 일을 다루는 데 도움을 얻으세요.** 만약 우리 아이가 생전 처음 해보는 일, 예를 들어 치과 치료를 받아야 한다면 그 주제에 관한 책을 가지고 아이를 준비시켜주세요. 읽고 또 읽어서 아이가 미리 어떤 일이 생길지 이해하고 준비할 수 있도록 도와주세요. 치과에 가서도 읽은 책에 대해 이야기해주세요. "책에서 치과 의사가 입을 얼마만큼 크게 벌리라고 했지? 기억나니?" 치과에 갔다와서도 그 책을 또 읽어주세요. 아이에게 어땠는지 물어보고 책에 나온 얘기와 비슷했는지도 물어보세요. 폴레트 부르주아의 〈꼬마 거북 프랭클린 시리즈〉나 머서 메이어의 책들은 어린이들이 겪어야 할 여러 가지 힘든 경험들에 대해 다룹니다. 예를 들어, 동생이 생긴다거나, 깜깜함에 대한 두려움, 입학하는 날, 잠자기 싫은 것과 같은 경험들에 관한 책입니다.

- **책을 통해 아이에게 상상 속의 장소나 존재를 소개하세요.** 괴물, 유령 그리고 다른 상상 속의 존재들에 대한 동화나 책은 우리 아이에게 상상력을 발휘할 기회를 만들어줍니다. 상상의 존재들을 이야기할 때 아이는 상상의 것들을 표현할 때 필요한 언어를 배우고, 사용하면서 즐거운 시간을 보냅니다. 이런 유형의 언어는 아이들이 학교에 갔을 때 꼭 알아야 할 중요한 것들입니다.

**서툰 문장 단계의 아이에게 읽어주면 좋은 책들**

- **예측 가능한 패턴, 반복적인 단어나 구절이 있는 책:** 필립 디 이스트맨의 《우리 엄마 맞아?》, 《달려라 달려, 개야!》 빌 마틴 주니어의 《갈색 곰아, 갈색 곰아, 무엇을 보고 있니?》, 닥터 수스의 《The Eye Book》, 자넷 앨버그와 앨런 앨버그의 《Each Peach Pear Plum!》, 찰스 푸지의 《나는 코뿔소랑 친해요》

- **단순한 스토리에 주인공이 있는 책:** 이야기는 분명한 시작과 끝이 있어야 하고 아이가 공감할 수 있는 친숙한 주제이어야 합니다. 또한 동생이 생기거나 학교에 입학하는 것과 같은 새로운 경험에 대한 이야기도 좋습니다. 이야기에 나오는 등장인물은 화를 내고 겁을 먹는 등 아이에게 익숙한 감정을 가지고 있고, 문제 해결 방법을 찾을 것입니다. 와티 파이퍼의 《넌 할 수 있어, 꼬마 기관차》나 에릭 칼의 《배고픈 애벌레》, 로버트 먼치의 《Mortimer》(반복이 많이 나오는 아주 재미있는 이야기), 《50 Below Zero》, 레이먼드 브리그스의 《눈사람 아저씨》, 모리스 샌닥의 《괴물들이 사는 나라》 (내용이 좋은 반면 어려운 말이 좀 나오는데, 삽화가 아름다워서 이해하기는 쉽습니다)

- **인터랙티브 책:** 에릭 힐의 《스팟이 어디에 숨었나요?》, 자넷 앨버그와 앨런 앨버그의 《Each Peach Pear Plum!》

- **테마 책:** 동물원에 사는 동물들, 병원에 가기, 슈퍼마켓에 가기, 내가 직접 할 수 있는 것 등의 주제가 있는 책

**서툰 문장 단계의 아이와 책을 읽으며 차례 갖기를 해봐요**

이제 우리 아이는 서툰 문장 단계이므로 책을 읽는 내내 엄마 아빠와 상호작용하고 차례 갖기도 할 것입니다. 책에 대해 아이가 더 많은 이야기를 나눌수록 아이는 더 많이 배울 것입니다. 아이가 좋아하는 책을 읽으면서 필요할 때마다 아이가 이해하기 쉽고 엄마 아빠도 쉽게 반복할 수 있는 단어로 바꿔주세요.

서툰 문장 단계의 아이에게 책을 읽어줄 때는 **학습언어**를 사용하세요(141쪽 참조). 우리 아이가 생각하고, 문제를 해결하고, 상상하게끔 만드는 방식으로 엄마 아빠가 말해줘야 합니다. 다시 말해 아이가 단순히 보고 듣고 만질 수 있는 수준을 넘어서는 대화를 하세요. 아래에 나오는 학습언어의 예를 한 번에 한두 가지 정도 사용해보세요. 그렇지만 너무 많은 정보로 아이를 압도하지 마세요. 오히려 단순하게 만들어서 여러 가지 상황에서 반복해주면 엄마 아빠가 말하는 것을 아이가 더 잘 이해합니다. 이해는 시간과 함께 자라난다는 것을 기억하세요.

예를 들어 아이와 《Just a Mess》라는 책에 대해서 이야기하고 있습니다. 이 책은 주인공이 아주 지저분한 방에서 자신의 야구 장갑을 찾는 이야기인데 다음과 같은 방법으로 학습언어를 사용할 수 있습니다.

- **과거에 있었던 일을 이야기하기:** "어제 네 방이 지저분했던 것을 기억하니? 장난감이 온통 바닥에 널려 있었잖아."
- **앞으로 일어날 일(미래)을 이야기하기:** "엄마는 네가 잘 때 부엌을 청소할 거야."
- **설명 및 비교하기:** "(책에 나온)이 방은 너무 너무 지저분해. 네 방은 조금 덜 지저분한데."
- **감정을 이야기하기:** "엄마는 네 방이 너무 지저분해서 화가 났었어."
- **이유를 말하고, 설명하기:** "방이 지저분하면 좋지 않아. 왜냐하면 장난감을 찾을 수가 없기 때문이야. 이 책의 주인공도 그랬잖아."
- **상상하며 이야기하기:** "요정이 와서 네 방을 청소했다고 하자. 요정이 말했어. '이제 깨끗해요!'(요술봉을 흔드는 척합니다.)"

학습언어는 아이들이 알아야 하고 학교에 갔을 때 사용합니다. 우리 아이가 배워서 스스로 사용하려면 이런 식의 언어를 자꾸 들어야 합니다. 처음에는 아이가 엄마 아빠가 무슨 말을 하는지 이해하지 못할 것입니다. 그렇지만 자꾸 반복하고 제스처도 하고, 그림도 같이 사용하고, 같은 상황이 아닌 다른 여러 상황에서 쓰면, 우리 아이의 이해 수준이 점차 올라갑니다. 때가 되면 학습언어를 혼자서도 사용하기 시작할 것입니다.

### 서툰 문장 단계의 책 읽기 목표는 이렇게 정하세요

서툰 문장 단계를 위한 목표는 여전히 단어와 아이디어에 대한 이해를 넓히고, 두세 단어를 붙여 쓰는 방법을 배우고 좀 더 다양하게 문장을 만드는 것입니다. 일상생활을 하면서 주고받는 대화에서 아이가 책에 있는 반복적인 구절을 이용해 두 단어나 세 단어 문장을 말해볼 수 있게 도와주세요. 예를 들어, "스팟이 어디에 있지?"(스팟 책에서), "우리 엄마 맞아?"(이스트맨의 《우리 엄마 맞아?》에서), "조용히 해!"(로버트 먼치의 《Mortimer》에서) 등의 책에는 반복되는 구절이 있습니다. 이런 구절들이 우리 아이가 배워서 말하기 좋아할만한 구절입니다.

엄마가 코비를 침대에서 내려가게 하자, 홀리가 울었습니다.

얼리샤가 좋아하는 책에서 소녀가 강아지를 기르는데, 그 강아지는 침대에서 자는 것을 좋아합니다.
그런데 소녀의 엄마는 언제나 강아지에게 내려가라고 말합니다.

다시 말하지만 아이의 의사소통 목표는 아이가 정말로 말하고 싶어 하는 것이 무엇인지에 따라 정합니다. 6장의 104~106쪽의 목표 선택을 위한 아이디어 지침을 활용해 아이가 배우면 좋을 문장 조합 종류를 선택해보세요. 필요하다면 그 책에 있는 단어를 바꿔서 엄마 아빠가 고른 문장 조합이 들어가게 바꾸세요.

엄마의 목표는 얼리샤가 "코비야, (침대에서 또는 소파에서) 내려와"와 "코비야, (침대로 또는 소파로) 올라와"를 말하는 것입니다. 그래서 아이가 이 문장을 여러 번 들을 수 있게 책 속의 문장을 바꿨습니다.

엄마가 두 문장을 말하고 또 말하고, 여러 번 반복해서 말하는 것을 들은 후에, 얼리샤도 스스로 말하기 시작합니다.

## 읽고 쓰기의 기초를 쌓아요

책을 읽고 이야기를 듣는 경험은 아이가 스스로 읽고 쓰는 데 필요한 기본 토대가 됩니다. 아이는 책이 무엇인지 알게 됩니다. 책은 페이지를 넘기며 보고, 글은 왼쪽에서 오른쪽으로 읽으며, 인쇄된 글자는 실제로 무언가를 말하고 있다는 기본적인 규칙을 말입니다. 책을 읽으면서 종종 일상 대화에서 사용하지 않는 언어를 듣습니다. 예를 들어, 《생강빵 아이》에서는 "그 순간 여우가 고개를 홱 젖혀서 생강빵 아이를 하늘로 훌쩍 띄웠어"라는 문장이 있습니다. 이런 종류의 시적이면서 복잡한 언어를 우리는 문어체라고 부릅니다. 어린 나이부터 이런 종류의 언어를 들은 아이는 커가면서도 책을 쉽게 읽습니다.

## 글자가 이야기한다는 것을 보여주세요

아이의 읽고 쓰기를 준비하기 위해 엄마 아빠가 매일매일 할 수 있는 일이 아주 많습니다. 가장 중요한 것은 책의 페이지마다 단어들이 실제로 "말한다"는 것을 아이에게 보여주는 것입니다. 아이의 이해가 초기 언어 단계에 있을 때는 다음과 같은 방법을 추천합니다. 서툰 문장 단계의 아이에게는 훨씬 더 많은 도움이 될 것입니다.

- **책을 읽으면서 단어를 짚어주세요:** 읽으면서 손가락으로 글자를 따라가세요. 또한 우리 아이가 흥미로워할 만한 단어를 보여줄 수도 있습니다. 예를 들어, 만약 우리 아이가 스팟 책을 좋아한다면, '스팟'이라는 단어를 보여주면서 "이 글자가 스팟이야"라고 말해주고, 계속 읽어주세요.

- **주변 환경에서 찾아볼 수 있는 흥미로운 말들을 보여주세요:** 예를 들어 거리 표지판과 빌딩에 있는 단어들을 가리키며 무슨 글자인지 말해주세요. 아이에게 정지 신호판을 보여주면서 아이에게 "'정지'라고 써 있네"라고 말해주고, 왜 그곳에 있는지 설명해주세요. 아이가 가장 좋아하는 식당의 이름이나 우리가 살고 있는 동네의 이름을 보여주세요. 예를 들어, 아이에게 "봐, 이 거리는 '빅토리아 가'라고 읽어. 우리 집은 '빅토리아 가'에 있어"라고 말해주는 거예요. 또 "빅토리아 가"라고 쓰여 있는 우편물을 아이에게 보여주면서 밖에 있는 표지판과 같은 것이라고 말해주세요.

- **글자가 어떻게 말하는지 보여줄 만한 것들이 가정에도 많습니다:** 장을 보러 갈 때 살 것들 목록을 쓰면서 아이에게 보여주세요. 그리고 나서 아이를 데리고 마트에 가서 목록을 보면서 살 것을 집으세요. 아이와 함께 엄마의 생일카드를 만들어보세요. 카드에 뭘 적고 싶은지 물어봐서 아이가 말한 것을 적어주세요. 아이가 자기 이름을 쓰는 것처럼 뭔가를 그려 넣게 해주세요. 컴퓨터로 자기 이름을 타이핑하게 도와주고, 그 글자를 보여주면서 아이의 이름이라고 말해주세요. 약병에 쓰여 있는 지시사항을 가리키면서 "병을 흔들어서 잘 섞은 다음에 제시에게 한 스푼 주세요"라고 써 있다고 읽어주세요.

> 이 메모에 "우리는 놀이터에 있어요"라고 써있어. 이제 아빠가 우리가 어디 있는지 알 거야.

> 우리는 놀이터에 있어요

엄마는 종이에 뭐라고 써있는지 캐머론에게 말해줘서, 그 메모가 엄마와 캐머론이 어디 있는지 아빠에게 말해준다는 것을 아이가 알게끔 해줍니다.

## 글자와 놀아요

글자를 가지고 논다는 것은 글자가 잘라질 수도 있고 다시 합쳐질 수도 있다는 것을 아이에게 알려준다는 말입니다. 이것은 꼭 이 단계에서 가르쳐야 하는 것은 아닙니다. 아이는 단어를 가지고 놀면서도 많은 것을 배울 것입니다.

- **노래를 부르면서 재미있는 리듬이 있는 라임을 말해요:** 예를 들어 "꼬부랑 할머니가 꼬부랑 고갯길을 꼬부랑 꼬부랑 넘어가고 있네 꼬부랑 꼬부랑 꼬부랑 꼬부랑 고개는 열두 고개 고개를 고개를 넘어간다"와 같이 재미있는 소리들이 나오는 노래를 아이들은 좋아하고, 어른이 가르쳐주지 않아도 노래에 공통적으로 들어가는 자음이나 모음 등 글자의 요소를 저절로 알게 됩니다.

- **재미로 라임을 만들어봐요:** 아이의 이름이나 가족의 이름 등 라임이 되는 단어를 찾아서 그걸로 놀이를 만들어보세요. "내 이름이 엄마야, 아니면 맘마야?" "네 이름이 켈리야, 아니면 벨리야?"처럼요.

- **같은 소리가 나는 단어들을 알려주세요:** "리리리자로 끝나는 말은 괴나리 보따리 댑싸리 소쿠리 유리 항아리"와 같은 노래가 좋은 예입니다.

## 그림과 낙서를 즐겨요

서툰 문장 단계의 아이는 크레용을 잡고 종이에 낙서를 하기 시작합니다. 이는 글쓰기로 향하는 중요한 단계입니다. 우리 아이에게 굵은 크레용, 마커, 두꺼운 커다란 종이를 줘서 하고 싶을 때 맘껏 낙서하고 그릴 수 있게 해주세요. 아이에게 글자를 어떻게 그리는지, 어떻게 제대로 쓰는지 보여주려고 애쓰지 마세요. 가장 중요한 것은 아이가 크레용을 잡는 데 익숙해지고 이리저리 사용해보는 데 익숙해지는 것입니다. 아이가 그린 그림을 냉장고나 벽에 붙여 모두가 볼 수 있게 해주세요. 아이는 더 많은 것을 하고 싶고, 배우고 싶어질 것입니다.

---

함께 책을 읽는 것은 아이와 부모 모두에게 즐거운 일이자, 아이에게 세상에 대해 많은 것을 소개할 수 있는 기회입니다. 같은 책을 더 자주, 더 많이 읽어주세요. 아이에겐 반복된 모든 것들이 배움의 기회입니다. 같은 책을 반복해서 읽다 보면 아이는 그 책을 마치 오랜 친구처럼 느낍니다. 이런 친구 같은 느낌은 아이에게 자신감을 주어 자신을 표현하려고 시도하게 합니다. 그리고 그 책을 볼 때마다 엄마 아빠와 함께 책을 읽으며 느꼈던 친밀감이 떠오를 것입니다. 이 교감은 아이가 일생 동안 책을 즐기며 살 수 있게 해줄 보이지 않는 힘이 됩니다.

# Chapter 9

# 노래를 부르며
# 한 걸음 더 전진!

아 이들은 음악을 좋아합니다. 자신이 좋아하는 노래나 라임을 듣고 또 듣고 싶어 합니다. 특히 음악은 언어를
배우는 데 어려움을 겪는 아이들에게 다른 사람과 소통하고 교감하는 매우 효과적인 방법이 되어줍니다. 이
장에서 여러분은 아이의 일상생활에 음악을 더해 효율적으로 언어를 배우는 방법을 배우게 될 것입니다.

## 음악이라는 마법

음악은 언어에 생기를 더해줍니다. 음악이 더해져 언어학습이 즐거워지면 아이는 더 많이 의사소통을 하게 됩니다. 그뿐 아니라 음악은 여러 가지 방법으로 아이에게 도움이 되는데, 예를 들어 아이를 위로해주고, 진정시키고, 주의를 돌리고, 기분을 바꿔줍니다. 매일 아침 즐거운 노래로 깨우고 잠잘 때 불러주는 편안한 자장가까지 아이의 일상생활 어딘가에는 항상 음악이 있습니다.

엄마 아빠가 음악을 대단히 잘할 필요는 없습니다. 설령 음치라고 해도 걱정할 필요 없습니다. 우리 아이는 엄마 아빠가 노래를 얼마나 잘 부르는지에는 관심이 없습니다. 단지 아이는 엄마 아빠와 음악을 통해 교감하고 즐거우면 되는 것입니다. 어떻게 노래를 부르는지, 어떤 노래를 부를지 그 어떤 규칙도 없습니다. 어렸을 때 부모님이 불러줬던 노래를 아이에게도 불러주세요. 우리 아이가 일상생활에서 경험하는 것에 대한 노래도 좋습니다. 가령 밤하늘을 바라보면서 〈반짝 반짝 작은 별〉을 부르거나 자동차를 탈 때 〈간다 간다〉를 부르는 식으로요.

이슬비 내리는 이른 아침에 우산 셋이 나란히 걸어갑니다.

비 오는 날, 눈 오는 날, 맑게 갠 날에 대한 노래를 불러주세요.

엄마 아빠와 아이는 서로 다른 타입의 음악을 좋아할 수 있습니다. 동요가 아니라 클래식, 대중가요 등 말입니다. 아이를 위한 음악을 선택할 때 좀 더 천천히 부를 수 있는 노래를 찾아보세요. 그러면 아이가 가사를 제대로 들을 수 있고 심지어 따라 부를 기회도 생깁니다.

또한 태엽을 감거나 전원을 켜면 음악이 나오는 장난감을 가지고 놀 수도 있습니다. 하지만 엄마 아빠가 사준 도구나 집에 있는 물건으로 자기만의 음악을 만들어서 놀 때 아이가 훨씬 더 재미있어 할 것입니다. 냄비나 박스로 드럼을 만들고 숟가락은 드럼 스틱이 되겠지요. 쌀이나 콩을 밀폐 용기에 넣어 셰이커도 만들고요. 같이 연주할 수 있도록 엄마 아빠 것도 꼭 만드세요!

움직임은 음악에서 자연스러운 부분이며, 아이들은 움직이는 것을 좋아합니다. 일상생활과 활동 중에 몸동작을 추가해보세요. 밖에서 집으로 걸어 들어 올 때나, 주스를 가지러 주방에 뛰어 들어오면서 노래를 불러보세요.

아이가 발달함에 따라 좋아하는 노래와 리듬 종류도 달라질 것입니다. 아이가 음악에 반응하는 방식도 바뀔 것입니다. 164쪽과 165쪽의 〈음악 활동을 우리 아이에게 맞춰 조율해요〉 체크리스트에서 우리 아이 단계에서는 어떤 음악 활동을 할 수 있을지 알아보세요. 체크리스트를 작성했으면 아이가 좋아할 만한 노래와 라임에는 어떤 것이 있을지, 체크리스트 다음에 나오는 섹션을 살펴보세요. 그런 다음 이 장을 계속 읽으면서 어떻게 음악을 이용해서 아이의 의사소통 수준을 최고로 끌어 올릴 수 있을지 알아보세요.

숟가락과 냄비로 완벽한 드럼을 만들었습니다. 이제 아이와 엄마는 그들만의 음악을 함께 만들 수 있습니다.

## 음악 활동을 하면서 차례를 가져요

음악은 상호작용을 시작하고 지속시키는 매우 유리한 방법입니다. 우리 아이가 노래 한 곡을 알게 되면, 다음에 어떤 가사가 오는지 압니다. 그러면 아이는 언제 그리고 어떻게 자기 차례를 할지 알게 됩니다.

음악 활동 중에 차례를 갖는 능력은 시간이 지날수록 점점 더 발전합니다.

- 처음에는 엄마 아빠가 노래를 불러주면 아이는 주의 깊게 바라보면서 그 노래를 좋아한다는 표시로 몸을 살짝 움직이는 정도로 표현합니다.
- 나중에 아이는 노래와 라임을 인식하기 시작합니다. 엄마 아빠가 노래를 시작하면 아이는 좋아하고, 웃고, 몸을 움직이거나, 또는 반대로 조용해지면서 엄마 아빠를 바라봅니다.
- 때가 되면 아이는 노래에 나오는 동작을 한두 가지 따라 하거나, 소리를 내거나 말을 하는 등 자기 차례를 가집니다. 어쩌면 아이가 스스로 하기 전에 어떤 동작을 해야 할지 엄마 아빠가 먼저 보여줘야 할 필요가 있을 수도 있습니다.
- 의사소통이 발전하면 아이는 한 곡 내내 동작, 소리, 말 등으로 자기 차례를 가지면서 점점 더 많이 참여합니다.
- 마침내 어떤 특정한 노래나 라임을 꼭 집어 해달라고 요구하면서 소리, 동작, 단어 또는 신호를 보내며 상호작용을 시작합니다.

음악에서 차례를 갖는 첫 단계는 아이의 관심사를 따라가는 것입니다. 마주 보면서 '지켜보고, 기다리고, 들어주기'해서 여러분이 음악을 할 때 아이가 어떻게 반응하는지를 보세요. 아이의 기분에도 맞춰주세요. 만약 아이가 화가 났거나 몸이 안 좋다면, 편안한 노래를 고르세요. 아이가 에너지가 넘치는 날에는 신나는 소리와 동작이 나오는 노래를 부르세요. 우리 아이가 뭘 하고 있거나 관심 가지고 있는 것에 어울리는 노래를 불러주세요. 아이의 행동, 얼굴 표정, 소리와 말을 따라 하면서 아이의 메시지에 즉시 반응을 보여주세요. 다시 불러달라는 건지, 다른 노래를 불러달라는 건지 등 아이의 메시지를 해석하세요.

## 음악 루틴으로 상호작용을 SPARK하세요

일단 아이가 노래나 라임에 익숙해지면 자기 차례를 할 수 있는 기회가 많이 들어가는 음악 루틴을 만들어보세요. 5장에서 배운 SPARK 전략을 사용하세요.

Start! 매번 같은 방식으로 음악 루틴을 시작하세요. 예를 들어, 우리 아이가 〈나처럼 해봐요〉를 안다면 먼저 자리를 잡고 자세를 만들어서 "자, 우리 〈나처럼 해봐요〉 하자!"고 말합니다.

Plan! 아이의 차례를 계획하세요. 아이는 노래의 여러 지점에서 자기 차례를 할 수 있습니다.

- 노래의 클라이맥스(예를 들어, "그대로 멈춰라!"에서 멈추기)를 불러달라고 하거나 또는 가사 끝에 마지막 단어를 말해보라고 한다.
- 노래 또는 라임을 반복해달라고 엄마 아빠에게 요청하기 위해서 차례를 갖는다.
- 특정 노래 또는 라임을 해달라고 요청하면서 상호작용을 시작하려고 차례를 갖는다. 우리 아이가 자신의 차례에 무슨 말을 하고 어떤 행동을 할 수 있을지 계획할 때는, 99~106쪽의 '의사소통 목표를 선택하세요' 부분을 참조하세요.

Adjust! 아이가 자기 차례를 할 기회가 생기도록 루틴을 조정하세요. 우리 아이에게 차례가 왔음을 알려줄 수 있도록 말을 천천히 하다가 멈추세요. 아래 그림의 로버트의 엄마가 하듯이 기대하는 표정으로 기다려주는 것이 중요합니다.

로버트의 엄마는 노래의 정점 "미끄럼틀 타고 내려와"에서 일시정지 합니다.

로버트는 '슝!'하고 무릎이 내려가는 재미있는 부분을 하려면, 자기 차례를 해야 한다는 것을 알게 됩니다.

음악 루틴을 조정할 때, 실수처럼 보이는 행동을 해도 괜찮습니다. 일부로 실수를 한 후에 아이가 틀렸다고 말하도록 기다려보세요.

만약 기다려도 우리 아이가 차례를 하지 않는다면, 큐를 주세요. 그런 다음에 또 기다리세요. 만약 그래도 여전히 아이가 자기 차례를 하지 않으면 엄마 아빠가 대신 하고 루틴을 계속하세요. (아이에게 큐를 주는 방법을 다시 보려면, 4장 54쪽 '큐신호로 자기 차례를 갖게 하세요'를 읽어보세요.)

Repeat! 같은 동작, 소리, 단어를 반복하세요. 며칠 또는 몇 주에 걸쳐, 아이가 노래를 잘 알고 자기 차례 갖기를 성공할 때까지 노래와 라임을 반복하세요.

Keep! 루틴을 계속하세요. 노래나 라임이 끝날 때면 잠시 멈추고 '지켜보고, 기다리고, 들어주기'를 하고 아이가 다시 하고 싶어 하는지 보세요. 만약 아이가 계속하고 싶다는 의사를 표시하면 처음부터 다시 시작하세요. 우리 아이가 즐기고 적극적으로 참여하는 한 상호작용을 계속하세요. 만약 우리 아이 반응이 '이제 그만'이라면 아이의 관심사를 따라서 "이제 그만 부를까?" 또는 "좋아, 아주 잘했어"라고 말해주세요.

# 노래와 라임에서 말을 강조하세요

노래와 라임은 관심 표시 단계, 초기 언어 단계, 서툰 문장 단계의 아이에게 말로 표현해주기에 아주 좋은 방법입니다. 아이는 동요 〈머리, 어깨, 무릎, 발〉을 배우면서 신체의 이름을 배웁니다. 〈동물 농장〉 노래를 하면서 동물의 이름과 동물이 우는 소리도 알게 됩니다. 노래와 라임 중에는 동작을 나타내는 말도 많이 나옵니다. 예를 들어 "그대로 멈춰라!"라든가 "반짝 반짝 작은 별"처럼 묘사하는 단어도 나오고 동요 〈호키포키〉에는 "안"과 "밖" 등 장소를 나타내는 말도 나옵니다.

## 노래를 부르며 언어발달을 돕는 네 가지 원칙

노래하면서 차례 갖기를 도와줄 수 있는 방법들이 있습니다. 노래를 부르는 것만이 중요한 것이 아니라 어떻게 부르는지가 중요합니다. 네 가지 원칙으로 시작하세요.

**짧게 부르기:** 잘 아는 단어로 된 짧은 노래일수록 좋습니다. 만약 어떤 노래에 어려운 단어나 아이가 이해하지 못할 만한 가사가 들어 있다면 바꾸세요. 예를 들어 동요 〈머리, 어깨, 무릎, 발〉에서 '어깨'가 어려우면 가사를 "머리, 배, 무릎, 발"이라고 바꿔서 부르세요. 아이에게는 어깨보다는 배가 쉬운 말이기 때문입니다. 또한 노래의 제목을 짧게 줄여서 우리 아이가 노래 제목을 말하면서 "하자"고 요청하기 쉽게 만들 수 있습니다.

브라이언 엄마는 〈산토끼〉를 부를 때마다 깡총깡총 뛰면서 시작했습니다. 이제 브라이언은 〈산토끼〉를 부르고 싶을 때 어떻게 해야 할지 압니다.

**중요 단어를 강조하기:** 중요한 단어가 눈에 띄도록 만들어서 아이가 노래하면서 단어를 배울 수 있도록 도와주세요. 중요한 단어 앞에서 잠시 멈추거나, 천천히 부르거나, 크게 부르세요. 예를 들어, "반짝 반짝 작은… 별" 이렇게요.

**천천히 부르기:** 노래를 천천히 불러서 아이가 배우기 쉽게 해주세요. 노래를 빨리 부르면 아이가 가사를 들을 수 없을지 모릅니다. 또한 천천히 부르면 우리 아이가 자기 차례를 하는데 필요한 시간을 줄 수 있습니다.

**보여주기:** 노래에 나오는 동작은 자연스러운 시각적 도우미로 활용할 수 있습니다. 다음 세 가지 방법으로 아이를 도울 수 있습니다.

- **시각적 도우미는 아이에게 단어의 의미를 보여줍니다.** 동작은 도움을 많이 주는 시각적 도우미입니다. "머리, 어깨, 무릎, 발"에서 신체 부위를 손으로 가리키거나 "버스의 바퀴"에서 손을 빙빙 돌리는 것처럼, 행동과 단어를 짝지어주면 아이가 단어의 의미를 알아차리는 데 도움이 됩니다. 그림이나 물건 역시 좋은 시각적 도우미입니다.

  예를 들어 장난감 버스를 갖고 놀면서 〈버스 바퀴〉 노래를 부르고, 장난감 동물들을 갖고 놀면서 〈동물 농장〉 노래를 부를 수 있습니다. 손 인형(손을 집어넣어서 가지고 노는 인형) 역시 훌륭한 시각적 도우미이면서 많은 아이들이 손 인형을 좋아합니다. 인형과 함께 노래를 부르면서 노래의 단어나 동작을 배우도록 도와줍니다.

오리는 꽥꽥, 오리는 꽥꽥,
염소 음매, 염소 음매….

돼지.

아빠는 스캇이 동물 이름과 울음소리를 배우도록 손 인형을 사용합니다

- **시각적 도우미는 아이가 상호작용을 시작하도록 도와줍니다.** 시각적 도우미와 그 물건이 나오는 노래가 익숙해지면 그것들을 아이가 볼 수 있는 곳에 그냥 놔두세요. 노래하거나 노래를 듣고 싶다는 뜻으로 아이가 그 물건을 들고 와서 엄마 아빠와 상호작용을 시작할 수 있습니다.

- **시각적 도우미는 아이가 선택 질문을 이해할 수 있도록 도와줍니다.** 아이가 스스로 노래를 요청할 수 있을 때까지 두 곡 중에서 하나를 고르는 선택지를 주세요. 예를 들어 아이가 관심 표시 단계라면 〈거미가 줄을 타고 올라갑니다〉나 〈버스 바퀴〉 노래를 부를 때 사용했던 장난감 거미와 버스를 보여주세요. 그런 다음에 둘 중 어느 노래를 부를지 물어보세요. 질문을 하면서 장난감 거미와 버스를 아이에게 가까이 보여주세요. 아이가 둘 중 하나를 선택하면 그 노래를 부릅니다.

이전에 사용했던 그림을 보여주며 아이에게 둘 중에 하나를 고르게 하세요. "〈거미가 줄을 타고 올라갑니다〉 부를까, 〈버스 바퀴〉를 부를까?"

## 우리 아이만을 위한 특별한 노래를 만들어요

가장 좋은 노래는 우리 아이를 위해 만든 특별한 노래입니다. 노래를 만든다고 해서 부담스럽게 생각하지 않으셔도 됩니다. 잘 아는 노래에 아이의 이름을 넣으면 쉽게 노래를 만들 수 있습니다. 또 아이가 하고 있는 놀이나 좋아하는 것으로 노래를 만들 수도 있습니다. 단지 알고 있는 노래에서 가사 몇 개만 바꾸면 됩니다. 일단 곡을 만든 다음에 다양하게 사용할 수 있습니다. 우리 아이가 하던 일을 끝낼 때 쓰는 음악 루틴으로 쓸 수 있고, 노래하면서 차례 갖기도 할 수 있습니다. 특정 단어를 강조해서 아이가 새로운 단어를 배우도록 할 수도 있습니다. 심지어 어떤 상황에서 스트레스를 덜 받게 만드는 노래도 만들 수 있습니다.

파커 어디 있나?
파커 어디 있나?
여기 나와 있어, 여기 나와 있어.
나와 같이 놀자, 나와 같이 놀자.
바로 지금, 바로 지금

엄마는 동요 〈엄지 어디 있소〉를 사용해서 고양이 파커를 찾는 상황에 맞는 노래로 만들었습니다.

안전띠를 채우자, 채우자, 채우자.
안전띠를 채우자, 찰칵, 찰칵.

하니파는 카시트에 앉기 싫어합니다.
그래서 아빠는 노래를 만들어서 부릅니다.

### 노래 만드는 법

• 쉽고 잘 아는 멜로디를 선택하거나 자신만의 멜로디를 만드세요. 많이 알려진 멜로디로 동요 〈우리 모두 다같이〉, 〈거미가 줄을 타고 올라갑니다〉, 〈엄지 어디 있소〉, 〈비행기〉 등이 있습니다.

• 우리 아이에게 익숙하고 흥미로운 것에 대한 노래를 만드세요.

• 한 노래에 단어가 10~20개 이하가 되게 하세요.

• 우리 아이가 이해하는 의미 있고 유용한 단어를 선택하세요.

• 의사소통 목표로 선택한 단어가 노래의 끝에 오도록 배치하세요. 그래야 아이가 자기 차례를 하면서 단어를 말하기 가장 쉽습니다.

• 노래에 간단한 동작을 추가하세요.

## 각 단계에 따라 노래 만드는 방법이 다릅니다

### 반사적 반응 단계의 아이와 노래하기

반사적 반응 단계에는 노래에 들어 있는 리듬, 멜로디, 율동 등에 관심을 보입니다. 음악 루틴은 이 단계에 있는 아이와 상호작용을 시작하는 데 매우 좋은 방법입니다. 노래를 할 때 아이가 차분하고 깨어 있는 상태, 즉 상호작용을 할만한 시간을 선택하세요. 노래를 불러줄 때는 아이의 눈을 똑바로 쳐다보면서 생기를 띠고 표정을 풍부하게 해주세요. 그래야 엄마 아빠가 자신에게 노래를 하고 있다는 것을 알 수 있습니다. '지켜보고, 기다리고, 들어주기' 해서 아이가 반응을 보이면 아이의 소리와 동작을 따라 하세요. 일단 우리 아이가 노래에 익숙해져서 다음에 뭐가 오는지 알 정도가 되면 클라이맥스 바로 전이나 노래의 끝에서 잠시 멈추고, 아이의 반응을 기다리세요. 이때 아이에게 충분한 시간을 주세요. 속으로 하나에서 다섯까지 세면서 눈맞춤과 얼굴 표정, 몸짓으로 아이에게 반응을 유도하는 큐를 주세요.

아이가 어떤 변화라도 보이면 무조건 아이가 차례를 한 것으로 해석해주세요. 호흡이 빨라지거나, 발차기, 미소, 흔들림, 소리, 또는 뭐든지 말입니다. 즉시 응답하고 노래를 계속해서 아이가 "의사소통 교감"을 만들 수 있도록 도와주세요. 그러면 아이는 자신이 무엇을 '하면' 그 결과, 무엇인가가 '일어난다'는 것을 알게 됩니다. "까꿍놀이 더하고 싶지, 그치?"라든가, "까꿍놀이는 그만 하자" 같은 코멘트를 해서 말로 표현해주세요.

엄마가 클라이맥스 바로 직전에서 멈추는 것은 빅토리아에게 자기 차례를 하고 의사소통 교감이 생길 기회를 주기 위한 것입니다.

## 관심 표시 단계의 아이와 노래하기

관심 표시 단계의 아이는 박수를 치거나 몸을 앞뒤로 흔드는 등 동작이 있는 노래를 좋아합니다. 엄마 아빠가 노래를 부를 때 우리 아이가 콧노래를 부르거나 소리를 낼 수 있습니다. 뛰거나 음악에 맞춰 몸을 흔들지도 모릅니다. 엄마 아빠를 따라 동작을 하면서 참여할 수도 있습니다. 더 나아가 여러분이 중간에 잠시 멈추고 기다리면 아이가 다음 동작이나 소리를 내면서 차례 갖기를 하기도 합니다.

다음은 관심 표시 단계에서 의사소통 목표입니다.

- 노래의 클라이맥스를 요구하기
- 노래를 계속하거나 다시 불러달라고 요청하기
- 빠진 동작이나 소리를 채워 넣기
- 소리 또는 시각적 도우미를 사용하여 특정 노래를 요청하기

> 손을 잡고 오른쪽으로 빙빙 돌아라. 손을 잡고 왼쪽으로 빙빙 돌아라.

> 빙빙.

관심 표시 단계의 아이에게 노래에 참여하도록 돕는 가장 좋은 방법은 가사의 맨 끝에서 동작이나 소리로 끼어들 수 있게 하는 것입니다. 의사소통 목표를 결정할 때는 우리 아이가 배웠으면 하는 것 중에서 아이가 좋아하고 필요하고 재미있어 하는 소리나 행동을 고르세요. 예를 들어 "간지럼 태운다, 여기!"라는 문장에서 '여기'를 빼면, 우리 아이는 소리를 내거나 "여!"라고 말할 수도 있습니다. 이것은 그 단어를 배우고 말하기 위한 멋진 첫걸음입니다. 우리 아이가 끼어들어 동작이나 소리를 내려고 잠시 멈췄을 때는 적어도 몇 초는 기다려줘야 한다는 것을 명심하세요. 그래도 아이가 자기 차례를 하지 않으면, 아이 차례를 대신 해주고 노래를 끝내세요.

엘리자베스의 의사소통 목표는 "빙빙"을 말하는 것입니다. 〈빙빙 돌아라〉 노래를 부르다가, 엘리자베스가 "빙빙"을 말하자마자, 모두가 빙빙 돕니다

> 여우야, 여우야, 뭐하니? 밥 먹는다. 무슨 반찬? 개구리 반찬. 죽었니, 살았니?

> 살았다!

제이미의 의사소통 목표는 노래가 끝날 때 점프하기입니다. 이젠 아주 잘합니다.

### 초기 언어 단계의 아이와 노래하기

초기 언어 단계의 아이는 한 단어로 된 노래 이름을 말하며 어떤 노래를 부르자고 말할 수 있습니다. 아이는 일상의 경험과 루틴을 노래와 연결하기 시작합니다. 만약 우리 아이가 가상놀이를 시작했다면 노래와 라임을 하면서 가상놀이를 할 수 있습니다. 예를 들어, 〈버스 바퀴〉를 부르면서 버스를 운전하는 척하는 것입니다.

　초기 언어 단계의 의사소통 목표는 아이가 다음 중 하나를 하려고 차례를 갖는 것입니다.

- 음악을 계속하거나 노래를 다시 부르자고 요청하기
- 가사 끝에 마지막 말 넣기
- 노래 부르고 싶다고 말하려고 의사소통 시작하기

　이런 식으로 차례를 갖기 위해서는 아이가 말이나 신호, 또는 그림을 사용해야 합니다. 우리 아이의 의사소통 목표를 결정할 때 아이가 배웠으면 하는 것 중에서 아이가 좋아하고 필요하고 재미있어 하는 단어를 고르세요. 우리 아이가 다른 상황에서도 쓸 수 있는 말을 생각해보세요. 예를 들면 〈빙빙 돌아라〉에서 '손'을 말하는 것처럼 말입니다. 또 아이가 말하기를 기대하는 단어와 노래가 동시에 익숙해지도록 하세요.

스캇의 의사소통 목표는 '별'을 말하는 것입니다. 엄마는 노래하다 멈추고 진짜 별을 가리키며 스캇이 별을 말할 기회를 만듭니다.

## 서툰 문장 단계의 아이와 노래하기

서툰 문장 단계의 아이는 음정이 맞기 시작하고, 노래에서 반복
되는 부분을 따라 부르기도 합니다. 가상놀이를 하면서 노
래와 라임을 이용하기도 합니다. 예를 들어 음악에 맞춰
곰돌이를 춤추게 합니다. 브랜든 아빠처럼 브랜든이 상
상하도록 노래를 활용할 수 있습니다.

서툰 문장 단계를 위한 의사소통 목표는 우리 아이
가 다음 중 하나를 하려고 두 단어나 세 단어를 말하
는 것입니다.

- 음악 루틴을 계속하도록 요청하기
- 가사 끝에 나올 두세 단어를 말하기
- 노래 또는 라임에 대해 말하거나 요청하며
  상호작용을 시작하기

우리 아이가 여러 가지 단어를 배울 수 있도록 노래나 라
임을 사용하세요. 예를 들어 만약 '깡충깡충 뛰다', '먹다', '손
뼉 치다' 같은 동사를 더 많이 배우게 하고 싶으면 목표에 이 단어들
을 넣으세요. 어쩌면 '크다', '작다', '재미있다' 등 묘사하는 단어를 배우게 하
고 싶은데 이런 단어가 나오는 노래가 없을 수도 있습니다. 그럴 때는 만들면 됩니다.

아마 이건 비가 와서 떨어진 거미인가 봐.

맞아.

브랜든의 아빠는 브랜든이 거미를 새로운 방법으로 생각하고 상상할 수 있도록 돕습니다.

산토끼, 토끼야. 어디를 가느냐.

깡충깡충 뛰어서.

엄마는 가사의 끝에 나올 말을 얼리샤가 채워 넣을 기회를 만듭니다. 동시에 아이는 새로운 동사도 배우고 있습니다.

## 음악 활동을 우리 아이에게 맞춰 조율해요

이 체크리스트는 아이가 의사소통과 언어를 배울 때 어떻게 노래와 리듬을 사용할지 알려줍니다. 목록의 각 문장은 아이가 음악 활동에 참여하는 방법을 설명합니다. 아이가 각 문장에 나와 있는 모습을 얼마나 자주 보이는지를 체크하세요. 거의 보지 못하면 0, 가끔 보면 1, 자주 볼 수 있으면 2를 적으세요.

거의 못 본다 = 0
가끔 본다 = 1
자주 본다 = 2

### 반사적 반응 단계

_____ 우리 아이는 음악이 나오면 조용해진다.

_____ 우리 아이는 음악이 나오면 움직임이 커지거나(예: 발차기) 소리를 낸다.

_____ 내가 노래 불러주면 내 얼굴을 본다.

_____ 내가 노래 불러주면 소리를 낸다.

_____ 내가 잠시 멈추거나 아이를 바라 보거나 노래를 끝내고 잠시 기다리면 어떤 식으로든 반응한다.

### 관심 표시 단계

_____ 우리 아이는 나를 따라서 박수를 치거나 빙빙 도는 등 노래에 나오는 동작을 한다.

_____ 우리 아이는 장난감 악기를 연주한다. 예를 들어, 노래를 할 때 장난감 드럼을 두드린다.

_____ 우리 아이는 "바", "마" 또는 "다"와 같은 간단한 소리를 내면서 나와 함께 노래를 부른다.

_____ 우리 아이는 노래나 라임에 나오는 소리나 패턴을 따라 한다.

_____ 우리 아이는 음악에 맞춰 몸을 움직인다.

_____ 우리 아이는 음악 루틴을 계속하자고 하거나 클라이맥스를 불러달라고 소리나 동작을 한다.

_____ 우리 아이는 노래나 라임에서 빠진 동작이나 소리를 채워 넣으면서 차례 갖기를 한다.

### 초기 언어 단계

_____ 우리 아이는 노래를 또 해달라고 "더"나 "'다시"라는 말을 많이 하거나 사용한다.

_____ 우리 아이는 들은 노래에 한 단어로 제목을 붙인다.

_____ 우리 아이는 〈산토끼〉 대신 "토끼"라고 말하는 식으로 특정 단어를 사용하여 어떤 노래나 라임을 부르자고 요청한다.

_____ 우리 아이는 노래나 라임에서 가사 끝에 나올 단어나 신호를 채워 넣는다.

_____ 우리 아이는 음악에 맞춰 장난감 악기를 연주한다.

### 서툰 문장 단계

_____ 우리 아이는 음악 활동에서 두 개 이상의 단어를 말하며 자기 차례를 갖는다. 예를 들어, "토끼 더 많이"라고 말한다.

_____ 우리 아이는 노래 가사 끝에 빠진 두세 개 단어를 채워 넣는다. 예를 들어, 내가 "손뼉 치며…"라고 하면, "빙빙 돌아라"고 말한다.

_____ 음정이 맞기 시작했다.

_____ 한두 마디 정확한 가사로 혼자 노래를 부른다.

_____ 우리 아이는 일상생활과 활동에 노래나 라임을 연결한다. 예를 들어, 거미줄을 보면 "거미가 줄을 타고 올라갑니다"라고 말한다.

## 아이와 함께 부르기 좋은 동요와 노래들

우리 아이가 좋아하는 노래나 라임은 아이가 자라면서 달라집니다. 아래에 나오는
노래와 라임은 주로 의사소통 발달 초기 단계에 좋은 것들입니다.

### 밀을 타고 달려가자

말을 타고 달려가자 빨리 달리자(아이를 무릎 위에 앉히세요)

언덕 위로 올라가서 (무릎을 위로 올리세요)

미끄럼틀 타고 내려와 (잠시 멈추세요) 슝! (무릎을 아래로 빠르게 내려주세요)

그만 연못 속에 빠졌네

### 리자로 끝나는 말

리 리 릿자로 끝나는 말은

괴나리 보따리 댑사리 소쿠리

유리 항아리

리 리 릿자로 끝나는 말은

꾀꼬리 목소리 개나리 울타리

오리 한 마리

### 머리 어깨 무릎 발

머리 어깨 무릎 발 무릎 발

머리 어깨 무릎 발 무릎 발

머리 어깨 발 무릎 발

머리 어깨 무릎 귀 코 입

### 싹싹 닦아라

싹싹 닦아라 윗니 아랫니

싹싹 닦아라 앞니 어금니

이 잘 닦는 아이는 하얀이 예쁜이

웃을 때는 반짝반짝 참 예뻐요

(양치를 하는 동안 노래를 부릅니다)

다른 활동을 넣어서 노래를 부를 수도 있습니다. "싹싹 닦아라 ○○(아이이름)얼굴" "싹싹 닦아라 식탁" 등으로 아이와 함께하는 활동에 맞춰 단어를 바꿔보세요.

### 우리 모두 다 같이

우리 모두 다 같이 손뼉을(짝짝) / 우리 모두 다 같이 손뼉을(짝짝)

우리 모두 다 같이 즐거웁게 노래해 / 우리 모두 다 같이 손뼉을(짝짝)

다른 구절을 넣어 부를 수 있어요.

'손뼉을' 대신에 '발굴러' (쿵쿵)

'손뼉을' 대신에 '코만져' (코를 만지는 행동을 하며)

'손뼉을' 대신에 '만세!' (손을 하늘 위로 높이 들면서)

### 거미가 줄을 타고

거미가 줄을 타고 올라갑니다

(양손의 엄지와 검지를 교대로 맞물리세요. 마치 거미가 올라가는 것처럼요)

비가 오면 끊어집니다

(두 손을 빠르게 아래로 내리며 마치 비가 와서 줄이 끊어진 것처럼 표현해주세요)

해님이 방긋 솟아오르면

(두 손을 동그랗게 만들어 머리 위로 들고 해를 보여주세요)

거미가 다시 한 번 올라갑니다

(다시 양손의 엄지와 검지를 교대로 맞물리세요. 거미가 올라가는 것처럼요)

### 일어나요

일어나요 일어나요 어서어서 일어나 일어나세요

일어나요 일어나요 아침이 우리들을 맞아요

나무들도 모두 깨어나고 태양이 높이 솟아요

어서 일어나요 일어나

일어나요 일어나요 어서어서 일어나 일어나세요

일어나요 일어나요 아침이 우리들을 맞아요

나무들도 모두 깨어나고 태양이 높이 솟아요

어서 일어나요 일어나(야호!)(점프하세요)

### 버스 바퀴

(〈비행기〉노래를 이용하여 불러보세요)

버스 바퀴 굴러가(바퀴가 굴러가는 것처럼 손을 원으로 돌리면서)

굴러가 굴러가

버스 바퀴 굴러가

우리 마을에

다음과 같이 다양하게 시도해보세요.

- 버스에 사람 위로 아래로(아이를 무릎에 올리고 올렸다 내렸다 해주세요)
- 버스문이 열렸네/닫혔네(문이 닫혔을 때는 양 손바닥을 붙이고 문이 열리면 뗍니다)
- 버스 소리 빵빵빵(빵빵 소리 내는 흉내를 냅니다)
- 아기들이 울어요(눈물 닦는 시늉을 합니다)
- 엄마(아빠)들이 쉬쉬쉬(검지를 입에 대고 조용히 하라는 시늉을 합니다)
- 와이퍼가 쉭쉭쉭(버스 창문의 와이퍼가 움직이는 것 같은 동작을 합니다)

## 참고문헌

Bonifacio, S., Girolametto, L., Bulligan, M., Callegari, M., Vignola, S. & Zocconi, E. (2007). Assertive and responsive conversational skills of Italian-speaking late talkers. *International Journal of Language and Communication Disorders*, 42(5), 607-623.

Bredin-Oja, S. L. & Fey, M.E. (2014). Children's responses to telegraphic and grammatically complete prompts to imitate. *American Journal of Speech- Language Pathology*, *23*(1), 15-26.

Brady, N., Warren, S. F. & Sterling, A. (2009). Interventions aimed at improving child language by improving maternal responsivity. *International Review of Research in Mental Retardation*, *37*, 333-357.

Cable, A. L., & Domsch, C. (2010) Systematic review of the literature on the treatment of children with late language emergence. *International Journal of Language and Communication Disorders*, *46*(2), 138-154.

Carpenter, M., Tomasello, M. & Striano, T. (2005). Role reversal imitation and language in typically developing infants and children with autism. *Infancy*, *8*(3), 253–278.

Cleave, P. L., Becker, S. D., Curran, M. K., Owen Van Horne, A. J., Fey, M. E. (2015). The efficacy of recasts in language intervention: A systematic review and meta-analysis. *American Journal of Speech Language Pathology*, *24*(2), 237-255.

Davis, T. N., Lancaster, H. S., & Camarata, S. (2015) Expressive and receptive vocabulary learning in children with diverse disability typologies. *International Journal of Developmental Disabilities*, *0*(0), 1-12.

Fantasia, V., Fasulo, A., Costall, A., & Lopez, B. (2014). Changing the game: exploring infants' participation in early play routines. *Frontiers in Psychology*, *5*, 1-9.

Girolametto, L. (1988). Improving the social-conversational skills of developmentally delayed children: An intervention study. *Journal of Speech and Hearing Disorders*, *53*, 156-167.

Girolametto, L., Pearce, P. & Weitzman, E. (1996a). The effects of focused stimulation for promoting vocabulary in children with delays: A pilot study. *Journal of Childhood Communication Development*, *17*, 39-49.

Girolametto, L., Pearce, P. & Weitzman, E. (1996b). Interactive focused stimulation for toddlers with expressive vocabulary delays. *Journal of Speech and Hearing Research*, *39*, 1274-1283.

Girolametto, L., Pearce, P. & Weitzman, E. (1997). Effects of lexical intervention on the phonology of late talkers. *Journal of Speech, Language and Hearing Research*, *40*, 338-348.

Girolametto, L., Tannock, R. & Siegel, L. (1993). Consumer-oriented evaluation of interactive language intervention. *American Journal of Speech-Language Pathology*, *2*, 41-51.

Girolametto, L., Weitzman, E., & Clements-Baartman, J. (1998). Vocabulary intervention for children Down syndrome: Parent training using focused stimulation. *Infant-Toddler Intervention: A Transdisciplinary Journal, 8*(2), 109-126.

Igualada, A., Bosch, L. & Prieto, P. (2015) Language development at 18 months is related to multimodal communicative strategies at 12 months. *Infant Behavior and Development, 39*, 42-52.

Law, J., Garrett, Z. & Nye, C. (2004). The efficacy of treatment for children with developmental speech and language delay/disorder: A meta-analysis. *Journal of Speech, Language and Hearing Research, 47*(4), 924-943.

Levickis, P., Reilly, S., Girolametto, L., Ukoumunne, O. C. & Wake, M. (2014). Maternal behaviors promoting language acquisition in slow-to-talk toddlers: Prospective community-based study. *Journal of Developmental & Behavioral Pediatrics, 35*, 274-281.

Lloyd, C. A. & Masur, E. F. (2014). Infant behaviors influence mothers' provision of responsive and directive behaviors. *Infant Behavior & Development, 37*, 276-285.

Goldin-Meadow, S. (2005). Gesture is at the cutting edge of early language development. *Cognition, 96*, B101-B113.

Pollard-Durodola, S. D., Gonzalez, J. E., Simmons, D. C., Oiman, K., Taylor, A. B., Davis, M. J. et al. (2011). The effects of an intensive shared book-reading intervention for preschool children at risk for vocabulary delay. *Exceptional Children, 77*(2), 161 – 183.

Rezzonico, S., de Weck, G., Orvig, A. S., Genest, C. D. S. & Rahmati, S. (2013). Maternal recasts and activity variations: A comparison of mother-child-dyads involving children with and without SLI. *Clinical Linguistics & Phonetics, 28*(4), 223-240.

Warren, S. F. & Brady, N. C. (2007). The role of maternal responsivity in the development of children with intellectual disabilities. *Mental Retardation and Developmental Disabilities Research Reviews, 13*, 330-338.

Weisleder, A. & Fernald, A. (2013). Talking to children matters: Early language experience strengthens processing and builds vocabulary. *Psychological Science, 24*(11), 2143-2152.

Wong, T.P., Moran, C., & Foster-Cohen, S. (2012). The effects of expansions, questions and cloze procedures on children's conversational skills. *Clinical Linguistics & Phonetics, 26*(3), 273-287.

# 하넨 센터 The Hanen Centre

## 우리의 사명

하넨 센터는 어린아이의 삶에서 중요한 사람들에게 필요한 지식과 훈련을
제공해서 아이의 언어, 사회성, 읽고 쓰는 능력을 최대로 개발할 수
있도록 돕는다.

이를 위해 다음과 같이한다:

- 일상생활 속에서 아이들의 언어발달을 촉진할 수 있는 프로그램을 개발해
  부모와 아이를 돌보는 사람들에게 가르친다
- 언어병리학자를 훈련해 하넨 프로그램을 운영하고 일상 업무 속에서
  가족과 교사에게 하넨의 아동중심접근법을 활용하게 한다
- 지역사회전문가를 교육해 고위험군 아동의 부모를 위한 프로그램을 이끌게
  한다
- 전문가들과 정보를 공유하여 아이들이 최고의 조건에서 인생을 출발할 수
  있도록 노력하는 부모와 교사를 지원한다
- 사용자 친화적이고 우수한 학습자료를 개발한다
- 이 분야에서 선도적인 연구를 수행한다

옮긴이 소개  **박혜원**

연세대학교 교육학과를 졸업하고 같은 대학원에서 심리상담으로 석사 학위를 받았으며, 캐나다 브리티시컬럼비아 대학교(University of British Columbia) 대학원에서 상담심리학 석사 학위를 받았다. 브리티시 컬럼비아(BC)주의 공인 임상심리전문가로 노스쇼어 가족복지센터와 연우심리상담소에서 성인 및 어린이와 청소년에게 심리치료와 놀이치료를 하고 있다. 저서로《내 아이 고집 이기는 대화법》,《아들 대화법》,《말 안 듣는 아이들의 숨은 비밀》이 있으며,《우리 아이 언어 치료 부모 가이드》를 공역했다.

# 말이 늦은 아이를 위한 부모 가이드

| | |
|---|---|
| **1판 1쇄 발행** | 2020년 2월 3일 |
| **1판 5쇄 발행** | 2023년 8월 15일 |
| | |
| **지은이** | 일레인 와이츠먼 |
| **옮긴이** | 박혜원 |
| **Reviewer** | Hanen(황세라) |
| | |
| **발행처** | (주)수오서재 |
| **발행인** | 황은희, 장건태 |
| **책임편집** | 최민화 |
| **편집** | 마선영, 박세연 |
| **마케팅** | 황혜란, 안혜인 |
| **제작** | 제이오 |
| **디자인** | 맑음과 바름 |
| **주소** | 경기도 파주시 돌곶이길 170-2 (10883) |
| **등록** | 2018년 10월 4일(제406-018-00114호) |
| **전화** | 031)955-9790 |
| **팩스** | 031)946-9796 |
| **전자우편** | info@suobooks.com |
| **홈페이지** | www.suobooks.com |
| **ISBN** | 979-11-90382-15-1 (13370) 책값은 뒤표지에 있습니다. |

이 도서의 국립중앙도서관 출판시도서목록(CIP)은 서지정보유통지원시스템 홈페이지(http://seoji.nl.go.kr)와 국가자료공동목록시스템(http://www.nl.go.kr/kolisnet)에서 이용하실 수 있습니다. (CIP제어번호: CIP2020002960)

도서출판 수오서재守吾書齋는 내 마음의 중심을 지키는 책을 펴냅니다.